edition 33

Egbert Dörfler

SPALTUNGEN UND FUSIONEN

Essays zur literarischen und musikalischen Popkunst

edition 33

Bibliografische Information der Deutschen Nationalbibliothek:
Die Deutsche Nationalbibliothek verzeichnet diese Publikation in der Deutschen
Nationalbibliografie; detaillierte bibliografische Daten sind im Internet über
dnb.dnb.de abrufbar.

© Egbert Dörfler 2025
© edition 33
München 2025

Umschlaggestaltung: Christian Klempert

Verlag: BoD · Books on Demand GmbH, Überseering 33,
22297 Hamburg, bod@bod.de
Druck: Libri Plureos GmbH, Friedensallee 273, 22763 Hamburg

Printed in Germany

ISBN: 978-3-7693-3968-0

Widmung und Dank

Dieses Buch ist meinen Lehrern und Lehrerinnen gewidmet, ohne deren pädagogisches und wissenschaftliches Engagement wohl kaum einer der darin versammelten Texte verfasst worden wäre, insbesondere Adolf Helmprecht (Gymnasium Münnerstadt), dessen Unterricht Englisch zu meinem Lieblingsfach machte, Gertrud Muth (Gymnasium Münnerstadt), die mir die Möglichkeit gab, die Facharbeit über die Beatles zu schreiben, Prof. Dr. Gerhard Hoffmann (Universität Würzburg), der mir das notwendige literaturwissenschaftliche Werkzeug vermittelte und größere Zusammenhänge zeigte, Dr. Martin Just (Universität Würzburg), der mich in die *Philosophie der Neuen Musik* einführte, Dr. Lenz Meierott (Universität Würzburg), der mich inspirierte, die Songs der Beatles musikwissenschaftlich zu analysieren, und Professor Eugene Garber (State University of New York at Albany), der mich zum literarischen und essayistischen Schreiben anleitete und motivierte.

Darüber hinaus danke ich auch den Freunden und Verwandten, die mich in Gesprächen und Briefen bei der kritischen Auseinandersetzung mit der Popkultur begleitet haben, allen voran dem Altphilologen und Germanisten Elmar Arnold, der – damals noch Schüler – mir Ende Dezember 1980 bei einem nächtlichen Spaziergang durch das Dorf unserer Großeltern die erstaunliche Frage stellte, ob ich John Lennon für einen Philosophen halte, was einen nicht enden wollenden, mündlichen und schriftlichen Dialog über die Beatles in Gang setzte; dem Künstler und Iyengar-Yogalehrer Christian Klempert, der nicht nur die Cover vieler meiner Bücher gestaltet hat, sondern mit dem mich auch ein jahrzehntelanger intellektueller und spiritueller Gedankenaustausch verbindet; dem Politikwissenschaftler und Journalisten Daniel Schikora, der mir in zahllosen, nicht selten kontroversen Diskussionen half, meine Auffassungen, Thesen und Argumente zu hinterfragen; dem Studienfreund und Fachkollegen Uwe Barthelmes, mit dem der Dialog über Literatur seit der gemeinsamen Examensvorbereitung nicht abgerissen ist; last not least meiner Schwester Angela Dörfler-Selzer, die sich die Mühe machte, die Essays zu lektorieren, und mir mit ihrer theologischen Fachkompetenz wertvolle Korrekturhinweise lieferte.

Selbstverständlich bin ich auch den im Anhang aufgelisteten Geistes- und Gesellschaftswissenschaftlern zu Dank verpflichtet. Ohne ihre Abhandlungen fehlte meinen Aufsätzen das Fundament und sie würden sich in impressionistischen Belanglosigkeiten erschöpfen.

April 2025

INHALT

VORBEMERKUNG

Der Essay ist bekanntlich eine Textgattung, die wissenschaftliches und literarisches, sachliches und kreatives, objektives und subjektives, referentielles und fiktionales Schreiben verbindet und eine Synthese zwischen diesen Gegensätzen anstrebt. Auf einer Skala, welche die genannten Elemente als binäre Oppositionen abbildet, läge der Essay also idealtypisch in der Mitte zwischen der wissenschaftlichen Abhandlung und der fiktionalen Kunstprosa. Auf der Manifestationsebene werden sich die Anteile der konträren Elemente allerdings häufig unterscheiden, so dass sich ein Essay entweder der Abhandlung annähert, im Extremfall ihre Kriterien sogar erfüllt und die strengen, objektiven Maßstäbe nur geringfügig zugunsten einer subjektiven Bewertung des Sachverhalts oder einer persönlichen Stellungnahme hinter sich lässt – oder aber, dass er umgekehrt zum entgegengesetzten Pol der Skala tendiert und die subjektiven, expressiven Elemente betont und sich einer innovativen, originellen, vielleicht sogar poetischen Sprache bedient, die ihn in die Nähe der Kunstprosa führt, auch wenn er selbstverständlich thematisch immer noch an einen objektiven Sachverhalt, also an die außertextliche Wirklichkeit gebunden bleibt.

Die Gegenstände, mit dem sich die im Folgenden versammelten Essays auseinandersetzen, sind unterschiedliche Manifestationen der literarischen und musikalischen Kultur der letzten 150 Jahre, also jener Epochen, die oft als Moderne und

Postmoderne bezeichnet werden, wobei sich ja bekannterweise beide Strömungen in ihrer Einstellung zur vormodernen Tradition und zu der parallel zur Moderne entstehenden, den simultanen, trivialen Unterbau der beiden Epochen bildenden Massenkultur unterscheiden. Die Entstehungszeit der Essays umfasst mehr als vier Jahrzehnte, ihre Anordnung folgt allerdings weder der Chronologie ihrer Entstehung noch der Chronologie ihres Gegenstands, sondern orientiert sich an der eingangs beschriebenen Skala, wobei mit dem objektivsten und sachlichsten Text begonnen wird, der die Kriterien einer wissenschaftlichen Abhandlung erfüllt. Eine solche zu verfassen, entsprach auch der Intention des Autors zur Zeit der Entstehung des Textes, handelt es sich doch um den theoretischen Grundlagenteil einer 1982 für die zweite Prüfung für das Lehramt an Gymnasien verfassten Examensarbeit über „Lyrik im Leistungskurs Englisch", für den hier der Titel „Fusion der getrennten Sphären" gewählt wurde. Subjektive Elemente wird man am ehesten im Schlussteil des Textes erkennen können, wo das erste Kapitel der ursprünglichen Abhandlung erweitert worden ist, um den Diskurs abzurunden und einen eigenständigen Essay zu formen. Die Perspektive und der Forschungsstand des Jahres 1982 wurden dabei jedoch nicht verlassen.

Die folgenden beiden Essays, die auch auf Ergebnisse zurückgreifen, die der Autor mit einer

1979 an der Universität Würzburg verfertigten literaturwissenschaftlichen Arbeit vorlegte, befassen sich unter Einbeziehung neuerer musikwissenschaftlicher Analysen und Erkenntnisse mit den Beatles, dem bis heute immer noch bedeutendsten Ensemble aus Dichtern, Komponisten und Musikern in der Popkultur. Nach einer knappen Interpretation ihres berühmten Songs „Eleanor Rigby", bei welcher der Liedtext (*lyric*) im Mittelpunkt steht, untersucht der Essay „Unerhörte Klänge" vor allem die Gestaltung und Entwicklung der Klangfarbe in der Musik der Beatles, also des nach Höhe (Frequenz), Dauer und Lautstärke vierten Grundelements des Tons, das durch die Überlagerung der reinen Schwingung, dem so genannten Sinuston, der in der Natur nicht vorkommt, mit Obertönen entsteht. Dadurch, dass die Komponisten und Musiker aus Liverpool dieses in der traditionellen, aber auch der modernen Musik eher untergeordnete Element des Tons entscheidend aufwerteten, ab 1966 sogar zu ihrem wichtigsten Ausdrucksmittel machten und in diesem Bereich bis dahin Ungehörtes, Innovatives, ja unerhört Neues schufen, prägten sie ganz entscheidend den Sound der 60er Jahre und übten darüber hinaus auch auf die Entwicklung der Musik der folgenden Jahrzehnte großen Einfluss aus. In die Analyse werden oft auch die Songtexte einbezogen, deren sensible Gestaltung der Lautebene oft sogar die Sprache zu Musik werden lässt.

Der erste der beiden Essays über Bob Dylan setzt sich, ausgehend von der knappen Begründung des Komitees für die Verleihung des Nobelpreises für Literatur im Jahr 2016, nicht nur etwas genauer mit der außergewöhnlichen Leistung des amerikanischen Songwriters auf dem Gebiet der Dichtkunst und Musik auseinander, sondern erweitert die Perspektive, indem er auch den Mystiker und Propheten Bob Dylan in den Blick nimmt. Der zweite Essay schlägt eine Deutung des 2009 erschienenen Songs „This dream of you" als Ausdruck mystischer Erfahrungen des Dichter-Sängers vor.

„Jenseits der (Post-)Moderne" – erstmals 2006 in einer Sammlung von Prosa- und Verstexten des Autors mit dem Titel *Auf-/Brüche* veröffentlicht – könnte als exemplarischer Essay im Sinne der eingangs erwähnten Ausgewogenheit der objektiven und subjektiven Elemente gelten. Ausgehend von einem Tagebucheintrag des amerikanischen Mönchs und spirituellen Autors Thomas Merton, in dem eine rätselhafte Bemerkung des kubanischen Lyrikers Cintio Vitier bezüglich der (modernen) Literatur aus einem an ihn gerichteten Brief zitiert wird, folgt zusammen mit persönlichen Deutungsversuchen ebendieser Bemerkung eine Auseinandersetzung mit dem Werthorizont und der Wirklichkeitsauffassung der Moderne und Postmoderne, die manchen Leser vielleicht zu Widerspruch reizen wird.

Persönliche und autobiografische Elemente dominieren in dem erst 2023 verfassten, durch die penetrante zeitgenössische Diskussion über die Zulässigkeit des Begriffs „Indianer" angeregten Essay „Vom Cowboy zum Indianer", der den Einfluss der Lektüre der *Winnetou*-Romane Karl Mays auf den Verfasser als jugendlichen Leser thematisiert. Die persönlichen, subjektiven Elemente erhalten durch die Einbeziehung wesentlicher Informationen über die Entwicklung, Rezeption und Bedeutung des immer noch unterschätzten Erfolgsautors einen literaturwissenschaftlichen Bezugspunkt.

Da die genannten Essays nicht im Hinblick auf eine gemeinsame Veröffentlichung verfasst wurden und zum Teil auch zu weit auseinanderliegenden Zeiten entstanden sind, wird ihre synchrone Rezeption Redundanzen und vielleicht auch Widersprüche offenbar machen. Derartige Unstimmigkeiten zu beseitigen, die in einem fortlaufenden Diskurs inakzeptabel wären, war jedoch keine Absicht der Schlussredaktion. Jeder der sieben Essays ist in sich abgerundet und kann unabhängig von den anderen gelesen und verstanden werden. Im Übrigen sind die Verschiebung von Perspektiven und die Modifizierung, Vertiefung oder auch Revision von Werturteilen im Laufe von Jahrzehnten Ausdruck einer lebendigen Auseinandersetzung mit einem Gegenstand.

FUSION DER GETRENNTEN SPHÄREN

Popsongs
im Spannungsfeld von Tradition,
Moderne, Massenkultur und
Postmoderne

Im Gegensatz zur Kunstwissenschaft setzten sich lange Zeit weder die Literatur- noch die Musikwissenschaft mit dem jeweiligen Bereich der in den 60er Jahren ja nicht nur unübersehbar, sondern auch unüberhörbar gewordenen Popkultur auseinander, der in ihre Zuständigkeit fiel und eigentlich einer ihrer vorrangigen Gegenstände hätte sein müssen. Wenn sich Geisteswissenschaftler überhaupt mit Popsongs befassten, waren meist Äußerungen zu hören, welche ihre ästhetische Relevanz in Frage stellen, wie etwa der mehrfach zitierte Kommentar Theodor W. Adornos zu den Beatles:

> „Was gegen die Beatles zu sagen ist, ist gar nicht so sehr etwas Idiosynkratisches, sondern ganz einfach das: Was diese Leute bieten, womit überhaupt die Kulturindustrie, die dirigistische Massenkultur uns überschwemmt, ist seiner objektiven Gestalt nach etwas Zurückgebliebenes. Man kann zeigen, dass die Ausdrucksmittel, die hier verwandt und konserviert werden, in Wirklichkeit allesamt nur heruntergekommene Ausdrucksmittel der Tradition sind, die den Umkreis des Festgelegten in gar keiner Weise überschreiten und die das an Ausdruck, was sie sich zutrauen und wovon die faszinierten Hörer behaupten, dass es das Fascinosum sei, objektiv eben durch die Abgebrauchtheit all dieser Elemente gar nicht mehr haben."[1]

Im Widerspruch zu derartigen Äußerungen steht die Tatsache, dass die Songs der Beatles und Bob Dylans, in geringerem Maße auch die der Rolling Stones und weiterer Popgruppen, anders als der konventionelle Schlager nicht nur das Interesse einer breiten Masse fanden, sondern auch Intellektuelle begeistern konnten. So wurden die Beatles von dem Komponisten Ned Rorem mit Mozart verglichen[2] und von dem Musikkritiker Tony Palmer als „the greatest song writers" seit Schubert gefeiert[3], und Bob Dylan löste bereits Mitte der 60er Jahre unter Literaturkritikern eine heftige Kontroverse darüber aus, ob man ihn nicht als Dichter bezeichnen könnte[4].

Seit Ende der 70er Jahre gibt es allerdings auch an den Universitäten Anzeichen für einen Gesinnungswandel. So wirft Werner Faulstich in einer 1978 veröffentlichten Interpretation des Beatles-Songs „Penny Lane" der Literaturwissenschaft vor, sie verfehle, da sie die Popkultur nicht rezipiere, derzeit ihren primären Gegenstand. Faulstich beginnt seine Analyse mit der Feststellung:

> „Weder ist von Interesse, ob die Beatles nun „vermarktete Schreihälse" oder „wahre Dichter" waren, noch ob "Penny Lane" triviales Massenprodukt ist oder Kunstwerk. Auch das stellt einen Popsong wie diesen in Kontrast zum konventionellen (elitären) Gedicht: die ruhige Gewißheit seiner angesichts von Millionen-Auflage und Milliarden-Rezeption über alle Zweifel erhabenen gesellschaftlichen Wichtigkeit."[5]

Faulstichs Verzicht auf komplexere Erkenntnis- und Einordnungskategorien, als es die gesellschaftliche Bedeutung ist, mag für die Interpretation eines einzelnen Songs angehen, trägt allerdings nicht dazu bei, die Popkultur als Ganze zu verstehen und zu bewerten. Dazu ist eine Analyse des Zusammenhangs und der Wechselwirkungen der relevanten, die gegenwärtige Kultur prägenden Strömungen unerlässlich, wodurch dann auch eine adäquate Auseinandersetzung mit Philosophen und Kritikern wie Adorno möglich wird. Eine solche Analyse wurde im Detail bisher noch nicht geleistet, mit der Entwicklung der Theorie der Postmoderne[6] hat sich jedoch eine Perspektive eröffnet, die es ermöglicht, die Popkultur differenzierter in die gesamte europäisch-abendländische Kultur einzuordnen und damit auch überzeugender zu bewerten.

*

Ausgangs- und Angelpunkt der Theorie der Postmoderne ist die von avantgardistischen Dichtern und Romanciers – im englischsprachigen Bereich sind hier in erster Linie James Joyce, Virginia Woolf, Ezra Pound und T.S. Eliot zu nennen – am Beginn des 20. Jahrhunderts vertretene Kunstauffassung der **Moderne**, die sich als ästhetischer Reflex auf eine veränderte gesellschaftliche Situation verstand und in der entschiedenen Abwendung von der europäisch-abendländischen Tradition manifestierte.

> „I see the ‚moderns' ... as deliberately setting out to invent a new literature as a result of their feeling that our age is in many respects unpre-

cedented, and outside all the conventions of past literature and art",

schreibt der britische Autor und Literaturwissenschaftler Stephen Spender in der Einleitung zu seiner Abhandlung *The Struggle of the Modern*[7], und an anderer Stelle spezifiziert er:

„... modern art is that in which the artist reflects an awareness of an unprecedented modern situation in its form and idiom. The quality which is called modern shows in the realized sensibility of style and form more than in the subject matter."[8]

Worin besteht nun diese „unprecedented (nie dagewesene) situation"? Aus der Fülle der Aspekte[9], die in diesem Zusammenhang aufgezählt werden könnten, seien hier nur die beiden für unseren Zusammenhang wichtigsten genannt: erstens die Zertrümmerung des traditionellen, soll heißen neuzeitlichen, mechanistischen und als „aufgeklärt" geltenden Weltbildes durch revolutionäre Ideen in Philosophie (Marx: *Das Kapital* ab 1867; Nietzsche: *Der Antichrist* 1895) und Psychologie (Freud: *Die Traumdeutung*, 1900) und durch umwälzende Entdeckungen in den Naturwissenschaften, insbesondere auf dem Gebiet der Biologie (1859 Darwins *Origin of Species*, das zur Basis der Evolutionstheorie wurde; 1866 Mendels Begründung der Genetik durch seine Vererbungsregeln) und der Physik (1895 Röntgens Entdeckung der nach ihm benannten Strahlen; 1900 Begründung der Quantentheorie

durch Planck; 1905 Einsteins Spezielle Relativi-
tätstheorie; 1911 Rutherfords Atommodell usf.),
ohne dass eine neue, konsensfähige Weltanschauung an seine Stelle trat; zweitens die techno-
logische Revolution, die unter anderem neue Ener-
giequellen (Erdöl, Elektrizität) erschloss und neue
Verkehrsmittel (Automobil, elektrische Eisenbahn,
Flugzeug) und Kommunikationsmedien entwickelte
(1877 Edisons Phonograph; 1895 Lumières kinema-
tographisches Verfahren; 1896 Marconis drahtlose
Übermittlung von Radiowellen), also Ideen, Entdek-
kungen und Entwicklungen, welche die traditionelle
Gesellschaft tiefgreifend veränderten und zusammen mit einem – vor allem als Folge der Fortschritte
in Medizin und Hygiene – rapiden Bevölkerungs-
wachstum zur Entstehung einer „Massengesellschaft" führten.

Der amerikanische Literaturwissenschaftler und
Soziologe Irving Howe hat in seiner Abhandlung
Decline of the New dieses moderne gesellschaftliche
Phänomen treffend beschrieben als:

> „... a relatively comfortable, half-welfare and half-
> garrison society in which the population grows
> passive, indifferent, and atomized; in which
> traditional loyalties, ties and associations become
> lax or dissolve entirely; in which coherent publics
> based on definite interests and opinions gradually
> fall apart; and in which man becomes a con-
> sumer, himself mass-produced like the products,
> diversions, and values he absorbs."[10]

Zur Negation der Tradition durch den modernen Künstler tritt, nicht zuletzt aus einem Gefühl der Entfremdung und Isolation heraus, die Negation der Massengesellschaft und ihrer „Kultur". Resultiert seine Ablehnung traditioneller Sujets und Ausdrucksmittel aus dem Verlust religiöser Bindung und aus der Erkenntnis, dass der Rückzug aus der Welt der Technik in die Natur nicht mehr gelingt, zumindest aber keine metaphysischen Harmonieerlebnisse mehr ermöglicht, so ist die Ablehnung der Massenkultur die Konsequenz eines grundsätzlichen Misstrauens gegenüber deren weltanschaulicher Leere, ihrer ästhetischen Banalität, dem Primat des Profits sowie dem technischen Fortschritt:

> „In the works of the most characteristically modern writers contemporary civilization was represented as chaotic, decadent, on the part of collapse, anarchic, absurd, the desert of non-values. Yeats, Eliot, Wyndham Lewis, Pound, all abhorred the idea of progress, hated the industrial age. They had invented their modern idiom and forms in order to express disgust with the modern world."[11]

Die gleichzeitige Negation von Tradition und Massenkultur äußert sich in den repräsentativen Werken der Moderne – in der epischen Prosa sind hier vor allem die Romane *Ulysses* (1920) von James Joyce und *Mrs Dalloway* (1925) von Virginia Woolf, im Bereich der Versdichtung Ezra Pounds *Cantos* (1915-1959) und T.S. Eliots *The Waste Land*

(1922) zu nennen – in einer radikalen Subjektivierung von Aussage und Ausdrucksmitteln, denn, um erneut Spender zu zitieren,

> „... in a world of fragmented values the imagination cannot illustrate accepted doctrines, cannot refer to symbolic meanings already recognized by the reader ... Everything has to be reinvented, as it were, from the beginning, and anew in each work."[12]

Moderne Dichtung ist daher, wie Malcolm Bradbury und James McFarlane treffend feststellen, „less a style than a search for a style in a highly individualistic sense"; was die Werke kennzeichnet, ist „their remarkable high degree of self-signature, their quality of sustaining each work with a structure appropriate only to that work."[13]

Subjektivität der Ausdrucksmittel bedeutet in der Versdichtung, die zusammen mit der Musik in einer Abhandlung über Popsongs, also die Verknüpfung von literarischer und musikalischer Gestaltung, im Mittelpunkt stehen muss, die Abkehr von jahrhundertealten formalästhetischen Konventionen wie Metrum, Reim und Strophenform zugunsten sogenannter freier Rhythmen oder freier Verse, bei denen Anzahl, Länge und Akzentverteilung nicht von vornherein festgelegt sind, kein Gleichklang am Zeilenende nötig und keine vorgegebene Form einzuhalten ist, Forderungen, die am nachdrücklichsten der deutsche Dichter Arno Holz 1889 in

seiner „Revolution der Lyrik"[14] erhoben hat. Was die
Bildhaftigkeit betrifft, findet man anstelle der in der
Regel unschwer zu erschließenden Metaphorik traditioneller Lyrik in der modernen Dichtung häufig
dunkle, hermetische Symbole, absolute Metaphern,
unauflösbare Chiffren.[15] Eine völlig neue Gestal-
tungstechnik, die Ezra Pound in seinen *Cantos* per-
fektioniert hat, ist die Montage[16], bei der disparate
Elemente, etwa Begriffe oder Zitate aus fremden
Sprachen und Kulturen, unvermittelt in den lyrischen bzw. epischen Diskurs eingefügt werden.

*

Tradition war für die Dichter der Moderne natürlich
in erster Linie die europäisch-abendländische Kultur der Neuzeit, also die Phase von der Renaissance
bis zum Ende des 19. Jahrhunderts. Ein Konzept,
das jenseits der vielfältigen Unterschiede, wie sie
etwa die Epochenbegriffe (Barock, Klassik, Romantik etc). andeuten, eine kulturelle Homogenität dieses umfassenden Zeitraums konstatiert, entstand
erst aus der Erkenntnis der grundlegenden Anders-
artigkeit der Lebenswelt um 1900 und wurde gleichsam durch den Akt der Negation ebendieser Tradition in der Moderne generiert. Nach Spender besteht
diese Homogenität in einem relativ stabilen Werte-
system:

> „The art of the past is attached to traditions,
> values, symbols, objects, nature, which had until
> modern times a relative stability."[17]

Im Gegensatz zur modernen Kunst, die häufig das
Gefühl von Isolation und Entfremdung artikuliert,
spiegelt die traditionelle das Bewusstsein des Aufge-
hobenseins des Menschen in einem metaphysischen
Sinnzusammenhang, in den letztlich alle individu-
ellen und gesellschaftlichen Beziehungen eingebet-
tet sind. Diese Aussagetendenz findet sich, so ver-
schieden die Vorstellungen und Werthorizonte im
Einzelnen auch sein mögen, in allen repräsentativen
Werken der traditionellen Literatur von Dantes *Divi-
na Commedia*, den Dramen Shakespeares, Cervan-
tes' *Don Quijote* bis zu Goethes *Faust* und den
Gedichten der Romantiker.

Der Intention der traditionellen Kunst, die metaphysische Dimension des Menschen und seine
Integration in einen alles umfassenden transzendenten Sinnzusammenhang darzustellen, entspricht
im Bereich der Intentionalität das Streben nach
„Objektivierung" der Aussage durch ihre Rück-
beziehung auf die anerkannte göttliche Ordnung der
Welt und des Kosmos. Im Gegensatz zum modernen
Subjektivismus bemühten sich die Künstler ver-
gangener Jahrhunderte um eine umfassende Verbindlichkeit und möglichst breite Verständlichkeit
ihrer Ausdrucksmittel. Die Diskrepanz zwischen
dem Stil eines einzelnen Werks, dem Personalstil
eines Autors, dem Epochenstil und dem „Gesamt-
stil" der Tradition ist demzufolge viel geringer, als
dies in der Moderne der Fall ist. In der Lyrik spiegelt
sich das Streben nach dieser Verbindlichkeit und

Verständlichkeit, wie bereits erwähnt, in der Vor-
liebe für überlieferte Formen, zum Beispiel das
bereits in der Frührenaissance entstandene und bis
zum Symbolismus an der Wende vom 19. zum 20.
Jahrhundert äußerst beliebte Sonett, und in der
Verwendung vorgeprägter rhythmischer und klang-
licher Schemata (Metren, Reime), die dann freilich
immer wieder neu und kreativ auszugestalten und
zu variieren waren. Grammatik, Satzbau und Wort-
wahl entfernen sich bei aller poetischen Abweichung
nicht so stark von der Standardsprache, wie es bei
vielen modernen Dichtern der Fall ist.

Die qualitative Unterscheidung zwischen „hoher",
anspruchsvoller, von Spezialisten in ihrem Metier, ja
von sogenannten Genies geschaffener Kunst auf der
einen und „niederer", volkstümlicher, eher hand-
werklicher, vielleicht auch dilettantischer Kunst auf
der anderen, die es wahrscheinlich zu allen Zeiten
und in allen Gesellschaften gegeben hat, meinte bis
zur Moderne keinen unüberbrückbaren Gegensatz.
Adorno weist darauf hin, dass sich nicht nur Bach,
Mozart und Beethoven von der Volkskunst inspirieren ließen, sondern dass noch bis „tief ins neun-
zehnte Jahrhundert hinein ... leichte Musik zuwei-
len mit Anstand möglich"[18] war. Auch die bedeutendsten Dichter der Tradition haben Elemente der
noch nicht kommerziell depravierten Volkskunst
aufgegriffen und verarbeitet. Man denke nur an die
Faust-Sage, die u.a. von Goethe zu einem „klassischen" Kunstwerk ausgestaltet wurde. In der

Romantik wurde die poetische und musikalische
Schlichtheit des Volkslieds sogar zum Ideal erhoben, dem nachzustreben war, was zur Aufhebung
der beiden Sphären führen konnte, so etwa bei dem
schottischen Dichter Robert Burns und bei Joseph
von Eichendorff, die Gedichte verfassten, die nicht
nur vom Volkslied inspiriert sind, sondern ihrerseits
zur Textgrundlage neuer Volkslieder wurden.

*

Der Verlust einer fruchtbaren Wechselbeziehung
zwischen „hoher" und „niederer" Kunst ist das
hervorstechendste Merkmal der westlichen Kultur
zu Beginn des 20. Jahrhunderts. Die beiden Fak-
toren, die für diese Desintegration verantwortlich
waren, wurden bereits angesprochen: Es sind erstens die Entstehung der Massengesellschaft als
Folge der technologischen Revolution, die sich im
kulturellen Bereich vor allem über die Entwicklung
der neuen Medien auswirkte, welche eine rasante
Verbreitung und praktisch unbegrenzte Reproduk-
tion ästhetischer Erzeugnisse ermöglichen, zweitens
die radikale Abwendung schöpferischer Kräfte von
ebendieser Massengesellschaft und ihren Erzeug-
nissen, verbunden mit dem Schaffen einer subjekti-
vistischen, hermetischen Kunst, die von der breiten
Masse nicht mehr rezipiert werden konnte. Mit der
Ästhetisierung und Individualisierung der „hohen"
und der Kommerzialisierung und Banalisierung der
„niederen" Kunst brechen die beiden Sphären aus-

einander und werden zu einem nahezu beziehungslosen Gegensatz.

Nicht nur viele Künstler, sondern vor allem auch die Kulturkritiker der Moderne haben die **Massenkultur** und ihre Produzenten scharf angegriffen. Der Amerikaner Bernhard Rosenberg geht so weit, von kultureller Tyrannei zu sprechen:

> „… mass communications have demonstrated such a distressing ability to promote tyranny in the cultural realm that we can only tremble at the implications of their political misuse."[19]

Andere Kritiker erheben den Vorwurf der „corruption and sterilization of the heritage of the past."[20] Denn die Massenkultur ist wenig kreativ; sie reproduziert, wie Adorno in seiner Kritik der Beatles feststellt, im Wesentlichen die zu Klischees vereinfachten Ausdrucksmittel der Tradition. In einem typischen Schlager etwa werden abgedroschene Reime, banale Vergleiche und anspruchslose, auf den Grundfunktionen der Dur-Moll-Tonalität, dem dominierenden musikalischen Idiom der westlichen Tradition basierende Melodien und Harmoniefolgen verwendet. Aufgrund der neuen Herstellungs- und Verbreitungsmedien und eventuell einer oberflächlich behandelten zeitgenössischen Thematik wegen lassen sie sich den ungebildeten Massen dennoch als „modern" verkaufen.

Wie Adorno in seinem „Résumé über Kulturindustrie"[21] hervorhebt, rücken Autor und Kompo-
nist derartiger Werke in den Hintergrund (für sie
tritt der zum Star erhobene Interpret an die Öffent-
lichkeit), im Wissen, dass sie eigentlich Produzenten
einer Ware sind, denn ihre Intention ist nicht
geistiger Provenienz, nicht an der Sache und dem
Potential des zu gestaltenden Materials orientiert,
sondern am kommerziellen Erfolg. Diesen ermöglichen die neuen Medien, die für die Kulturprodu-
zenten nicht in erster Linie ästhetische Bedeutung
haben, sondern vor allem dazu dienen, Sprach- und
Klangreize zu erzeugen, die den Verkauf steigern.
Der Leser bzw. Hörer ist für sie kein geistiges
Gegenüber, der über ihr „Werk" reflektieren soll,
sondern Konsument. Die zu Beginn unseres Essays
zitierte Kritik Adornos an der Massenkultur – um
das Missverständnis zu vermeiden, dass es sich um
eine von den Massen geschaffene Kunst handelt,
bezeichnet der Philosoph sie auch als Kulturindustrie – ist in Bezug auf Schlager, Comics,
Fortsetzungsromane, Unterhaltungsfilme, Fernseh-
serien und ähnliche Erzeugnisse zweifellos berech-
tigt.

*

Adornos Anspielung auf die Beatles greift allerdings
zu kurz. Sie lässt sich darauf zurückführen, dass er
die Massenkultur der ersten sechseinhalb Jahrzehnte des 20. Jahrhunderts vor Augen hat, auf

welche die oben skizzierten Merkmale in der Regel zutreffen. Dem 1969 verstorbenen Philosophen scheint es jedoch entgangen zu sein, dass in der zweiten Hälfte der 60er Jahre eine neue Massenkultur heranwuchs, die sich von der alten, freilich weiterhin existierenden, durch Innovation und Kreativität abhebt und deren Protagonisten vor allem die Beatles sind, eine Massenkultur, für die man auch den Begriff Popkultur verwenden könnte, wenn er im Englischen nicht zu unscharf wäre, wo er kaum von dem der Massenkultur abgegrenzt wird. Gleichzeitig mit der Entwicklung von „unten" entsteht eine Bewegung von „oben", welche die moderne Hermetik hinter sich lässt und eine gefälligere Kunst schafft – in der Musik etwa nach der modernen Phase atonaler und dodekaphoner Experimente durch eine Rückkehr, zumindest aber erneute Annäherung an die Dur-Moll-Tonalität –, was Adorno in der *Philosophie der neuen Musik* seinen ästhetischen Maßstäben gemäß folgendermaßen bewertet: „Es zeichnet sich ein musikalischer Typus ab, der, bei unverzagter Prätention des Modernen und Seriösen, durch kalkulierten Schwachsinn der Massenkultur sich angleicht."[22]

Jenseits aller Polemik kann man objektiv feststellen, dass nach dem Zweiten Weltkrieg der Prozess wechselseitiger Distanzierung von moderner Elitekultur und (pseudo-)moderner Massenkultur zum Stillstand gekommen ist und einem Prozess wechselseitiger Annäherung Platz gemacht hat, der in den späten 60er Jahren zu einer Verschmelzung der getrennten Sphären führte. Dieses Phänomen hat in den 70er Jahren die Theorie vom Ende der Moderne und Anbruch einer neuen Epoche entstehen lassen, eine Theorie, die am resolutesten von dem amerikanischen Literaturwissenschaftler Leslie Fiedler vorgetragen wurde:

> „Almost all living readers and writers are aware of a fact which they have no adequate words to express ... We are living, have been living for two decades – and have become acutely conscious of the fact since 1955 – through the death throes of Modernism and the birth pangs of Post-Modernism. The kind of literature which had arrogated to itself the name Modern (with the presumption that it represented the ultimate advance in sensibility and form, that beyond newness was not possible), and whose moment of triumph lasted from a point just before the First World War until one just after the Second World War, is dead, i.e., belongs to history not to actuality."[23]

Das Kennzeichen der **Postmoderne** ist nach Fiedler die Fusion von „hoher" und „niederer" Kunst, „the closing of the gap between elite and mass culture."[24] Im Bereich des Romans erfolge diese etwa durch das Aufgreifen populärer Gattungen, wie zum Beispiel des Westerns oder der Science Fiction. Diese werden dabei entweder so umgestaltet, dass ihre Schablonenhaftigkeit aufgebrochen wird; oder umgekehrt ihre Integration in konventionelleres Erzählen dient zu dessen Verfremdung. Letzteres ist etwa in Kurt Vonneguts *Slaughterhouse 5* der Fall, wo die zwar pop-artig reduzierte, doch insgesamt eher realistische Darstellung der Bombardierung Dresdens durch die Alliierten im Zweiten Weltkrieg, welche die Hauptfigur des Romans, der amerikanische Soldat Billy Pilgrim, als Kriegsgefangener in einem Schlachthof der Stadt miterlebt, durch das Eingreifen und die phantastische Philosophie der Bewohner des Planeten Tralfamadore für eine groteske Verfremdung des grauenhaften Geschehens sorgt. Eine Brechung typischer Klischees des Westerns wie etwa das stereotype Bild vom primitiven, zivilisationsfeindlichen, grausamen Indianer geschieht häufig durch einen Wechsel der Sympathiesteuerung, die den vermeintlich Wilden als den eigentlich Humanen erscheinen lässt. Erwähnenswert ist in diesem Zusammenhang, dass Fiedler als erster Literaturwissenschaftler den deutschen Erfolgsautor Karl May (1842-1912), dessen bis heute massenhaft rezipierte *Winnetou*-Romane unverhohlene Sympathie für die amerikanischen Ureinwohnern erkennen lassen, mit der Pop Art und Postmoderne in Verbindung bringt. Was postmoderne Tendenzen in der Lyrik betrifft, verweist Fiedler auf zwei berühmte Songwriter: Bob Dylan nennt er den Schöpfer einer „Pop surrealist poetry", und John Lennon gilt ihm als Prototyp des postmodernen Allroundkünstlers:

> „Even more spectacular is [the example of] John Lennon, who coming into view first as merely one of the Beatles, then still just another rock group from Liverpool, has revealed himself stage by

stage as novelist, playwright, movie maker, guru, sculptor, etc., etc."[25]

Auch wenn dem Kritiker hier auf der Beispielebene Irrtümer unterlaufen – als „novelist" (Romancier) ist Lennon wohl kaum in Erscheinung getreten (vielleicht verwechselt Fiedler ihn mit Bob Dylan oder Leonard Cohen), sehr wohl hingegen als „poet" (Dichter) mit den Bänden *In His Own Write* (1964) und *A Spaniard in the Works* (1965) und natürlich mit manchen Songtexten aus der mittleren und späten Phase der Beatles; ebenso wenig wird man von Lennon wegen seines Mitwirkens an der Bühnenfassung seines ersten Gedichtbands als „playwright" (Dramenautor) sprechen können, gewiss aber als Veranstalter von Happenings (etwa des berühmt gewordenen „Bed-in" mit Yoko Ono vom 20. März 1969 im Amsterdamer Hilton, um für den Frieden zu demonstrieren) – trotz dieser Ungenauigkeiten hat Fiedler recht, dass Lennon der bereits traditionell-neuzeitlichen, vor allem aber modernen Spezialisierung (welcher einflussreiche Dichter nach dem Mittelalter hat seine Gedichte selbst vertont und auch noch vorgesungen?) eine postmoderne Ästhetik entgegensetzt, der es nicht auf Expertentum und Virtuosität ankommt, sondern auf Gattungsgrenzen überschreitende Kreativität, auch wenn sie manchmal bizarr und reichlich dilettantisch wirkt.

Fiedlers Ansatz ist im Wesentlichen sozio-kulturell orientiert. Die Aufhebung des Gegensatzes zwischen

„hoher" und „niederer" Kultur, das neue Verhältnis zwischen Autor und Publikum, Kritiker und Publikum, Kritiker und Werk usw. liefern die Hauptargumente für seine Theorie. Die formalästhetischen Merkmale einer solchen Popkunst bleiben jedoch im Detail noch auszuführen, sowohl in Bezug auf die Literatur als auch auf die Musik.

Hilfreich kann dabei ein Blick auf die bildende Kunst sein, die in dieser Hinsicht besser aufgearbeitet ist.[26] Hier wurde der Begriff der Pop Art geprägt, um die auf den ersten Blick banal erscheinenden Werke von Künstlern wie Andy Warhol, Roy Lichtenstein oder Claes Oldenburg zu würdigen, Bilder und Skulpturen, welche Gegenstände und Gestaltungselemente der Massenkultur so darstellen bzw. einsetzen, dass der Betrachter ein neues, von kommerziellen Zwängen freies Verhältnis zu ihnen gewinnen kann:

> „Pop Art integriert die Eigenschaften moderner Verbrauchskulturen in die Bildsprache und benutzt dafür die ästhetische Dimension der Reklameglamour mit ihren grellen und psychologisch wirksamen Effekten und Figurationen, um in vorurteilsfreier Aufgeschlossenheit den optischen Reiz moderner Umwelt mit sachlicher Klarheit zu artikulieren."[27]

Bringt man den Begriff Pop Art auf die abstrakte Formel: Klischee (also das Vorgeprägte, der Massenkultur Zugehörige, Populäre) + Verfremdung (das Ungewohnte, imaginativ Gestaltete, Artifizielle), so

kann er auch auf die Literatur und Musik über-
tragen werden. Bob Dylan, die Beatles und andere
kreative Popgruppen bzw. -sänger verfremden in
ihren reifen Werken ebenfalls die Klischees der
Massenkultur – um mit Adorno zu sprechen, die
„heruntergekommenen Ausdrucksmittel der Tradition" –, an die sie zunächst, d.h. als junge Musiker
und Songwriter, durch ihr naives Hineinwachsen in
die „niedere" Kunst der Folk-, Rhythm and Blues
und Rock'n'Roll-Szene mit ihren weitgehend traditionellen literarischen und musikalischen Konventionen aufgrund fehlender akademischer Bildung
gebunden sind. Bob Dylan beginnt allerdings schon
früh seine Stimme als Verfremdungsmittel einzu-
setzen, durch das die literarischen wie musikalischen Klischees seiner Songs aufgebrochen werden,
sodass simple Protestbotschaften als etwas auf-
rüttelnd Neues erscheinen. Ab Mitte der 60er Jahre
nähern sich Dylans Texte durch ihre zunehmende
Originalität und Hermetik der modernen Lyrik an.
Bei den Beatles erfolgt die Verfremdung des Ver-
trauten, Klischeehaften vor allem durch die kreative
Nutzung elektronischer Mittel der Klangerzeugung
und -variation. Von der LP *Revolver* (1966) an
begegnet man in ihrer Musik ständig neuen, bis
dahin noch nie gehörten Klängen.

Bleibt die Frage, welche Aussageabsicht mit dieser
Kunst verfolgt wird. Verbleibt sie trotz aller Innova-
tion und Verfremdung der Massenkultur und ihrem
Primat des Profits verhaftet? Der enorme kommer-

zielle Erfolg gerade der Beatles scheint dafür zu
sprechen. Oder nähert sie sich mit der Emanzipa-
tion von den Vorgaben der Kulturindustrie der sub-
jektivistischen, metaphysisch begründete Werte ver-
neinenden Moderne an? Oder aber gelingt ihr gar
ein neuer, existentieller Durchbruch zu dem in der
Moderne zurückgewiesenen zeitlosen, transzendenten Wirklichkeits- und Werthorizont, wie er jahr-
hundertelang selbstverständlich war? Viele einflussreiche Gruppen wie etwa die Rolling Stones
scheinen sich mit „sex, drugs and rock'n'roll", der
hedonistischen Feier vergänglicher Freuden, zufrie-
denzugeben, was eine gewisse Kreativität und
gelegentliche gesellschaftskritische Einwürfe nicht
ausschließt, solange es den eigenen kommerziellen
Interessen nicht schadet. Bei den literarisch wie
musikalisch anspruchsvolleren Beatles könnte man
am ehesten von dem Versuch einer Fusion
sprechen, welche relevante Elemente der traditionellen, massenkulturellen, modernen und zeitgenössischen westlichen Kunst, darüber hinaus aber
auch exotischer Kulturen, vor allem der indischen,
vereint, einer Fusion, die durchaus als Suche nach
einem tieferen Sinn verstanden werden kann, als
ihn die Angebote darstellen, welche die westliche
Konsumgesellschaft ihren Bürgern macht.

*

Seit den 70er Jahren lässt sich bei einigen
Künstlern sogar der Durchbruch zu einem spirituell

begründeten Werthorizont feststellen, wodurch auch inhaltlich, das heißt in Bezug auf die Weltanschauung, genauer die jetzt wieder metaphysische Wirklichkeitsauffassung, also an das wichtigste Kennzeichen der von der Moderne negierten Tradition, angeknüpft und somit auch eine religiöse Botschaft vermittelt wird. George Harrison machte 1970, kurz nach der Auflösung der Beatles, den Anfang mit seiner Hymne „My Sweet Lord", welche die Sehnsucht, den „Herrn" kennen und schauen zu dürfen, mit demütiger Schlichtheit und mystischer Intensität zum Ausdruck bringt und gleichzeitig die Verehrung und den Lobpreis Gottes mit einer gewaltigen Klangfülle unterstreicht, wobei die abwechselnden „Halleluja"- und „Hare Krishna"-Rufe sowohl eine jüdisch-christliche als auch eine hinduistische Deutung des Gottesbezugs möglich erscheinen lassen. Das wohl spektakulärste Beispiel für den Durchbruch zur transzendenten Wirklichkeit in der Popkultur ist freilich Bob Dylan mit seinem jüngsten, für viele seiner Fans provozierenden, in den LPs *Slow Train Coming* (1979), *Saved* (1980) und *Shot of Love* (1981) unzweideutig artikulierten Bekenntnis zum Christentum.

ALL DIE EINSAMEN LEUTE

Die Beatles als Dichter

In mehrfacher Hinsicht zeigt sich das für die Beatles so typische Überschreiten massenkultureller Liedkonventionen Mitte der 60er Jahre auf der LP *Revolver*[1] und hier wiederum, jedenfalls was den Text angeht – in diesem Fall kann man getrost von einem Gedicht sprechen –, am deutlichsten in dem Song „Eleanor Rigby"[2], mit dem sich das Liverpooler Quartett zum ersten Mal mit einem soziokulturellen Problem auseinandersetzt, das sie als junge Musiker persönlich gar nicht betrifft, nämlich der „Einsamkeit" und vermeintlichen „Sinnlosigkeit" des Lebens vieler älterer Menschen in der zeitgenössischen Gesellschaft.

Bereits die äußere Form des Lieds ist komplexer als der einfache Strophe-Refrain-Wechsel oder die AABA-Struktur vieler gängiger Popsongs. Es beginnt mit einem kurzen, vom Chor (Paul McCartney, John Lennon, George Harrison) gesungenen Refrain (R1), in dem die Hörer auf „all the lonely people" (all die einsamen Menschen) aufmerksam gemacht werden. Es folgt die vom Solosänger (McCartney) deklamierte erste Strophe (S1), die in zwei Bildern exemplarisch die einsame Eleanor Rigby vorstellt und mit einem zweiten, nur vom Erzähler gesungenen Refrain (R2) endet, der die Frage nach der Herkunft und Zugehörigkeit all der einsamen Leute stellt („... where do they all come from/where do they all belong?"). S2 berichtet, ebenfalls in zwei Bildern, von dem einsamen Pfarrer McKenzie und mündet wie S1 in R2, bevor R1 vom Chor wiederholt wird und zu S3 hinführt, der dritten Strophe, die wiederum in wenigen, extrem reduzierten Handlungselementen die „Begegnung" der beiden Menschen darstellt, bevor sie erneut mit den Fragen von R2 den Song beendet.

Während der banale, redundante Appellcharakter des ersten Refrains zweifellos an die plakativen Aussagen typischer Produkte der Massenkultur erinnert, bewegt sich die Charakterisierung der beiden Figuren in den drei Strophen durch ihre extreme symbolische Dichte durchaus auf dem Niveau anspruchsvoller traditioneller Dichtung. Einsamkeit wird hier im Gegensatz zum ersten Refrain nicht benannt, sondern gezeigt. Der Reis, die Kirche, die Hochzeit verweisen auf Frucht-barkeit, Spiritualität, Gemeinschaft, Lebensfreude – doch Eleanor Rigby fehlt all das. Sie scheint die Putzfrau zu sein, die die Kirche nach der Hoch-zeitszeremonie reinigt. Mit dem doppeldeutigen Verb „picks up", das zwar umgangssprachlich „wegräu-men" denotiert, bei dem aber auch die eigentliche Bedeutung „aufheben" mitklingt, deutet sich bereits das Sehnsuchtsmotiv an, welches das zweite Bild dominiert. Es zeigt uns Eleanor, wie sie zuhause am Fenster sitzt, ein durch die W-Alliteration („waits at the window"/„wartet am Fenster") auch klanglich intensiviertes Sehnsuchtssymbol, die durch das Partizip „wearing" mit der erneuten Rekurrenz des W-Lauts, der wie im Deutschen („weh") auch im Englischen („woe") mit Schmerz in Verbindung gebracht werden kann, eine Metapher einleitet, die so unkonventionell und hermetisch ist, dass sie an die Chiffren moderner Lyrik erinnert. Der Grafiker Alan Aldridge meinte, sie sei „reiner Surrealismus"[3] und ließ sich davon inspirieren, die Songtexte der Beatles genauer zu analysieren und eine Reihe von ihnen zu illustrieren. Man mag bei dem Gesicht, das die Frau „aufhat", an eine Maske oder an Make-up denken, doch der Krug als Aufbewahrungsort passt nicht dazu. Vielleicht hat sie Wein aus einem Krug getrunken. Verändert der Alkohol aber wirklich das Gesicht? Vielleicht macht er mutiger, so dass man sich ans Fenster setzt, um gesehen zu werden. Das Bild löst zahlreiche Assoziationen aus, entzieht sich jedoch einer eindeutigen Festlegung und fordert somit den Hörer bzw. Leser immer wieder auf, die Leerstelle selbst zu füllen, ein in der Literatur generell gebräuchliches, in der modernen Lyrik jedoch extrem gesteigertes Verfahren.

In der zweiten Strophe steht Father McKenzie im Fokus. Er ist – was bereits der gälisch-irische Name andeutet – ein katholischer, also zölibatär lebender Priester, und damit für die Beatles, denen Mitte der 60er Jahre die Vorstellung noch fremd zu sein scheint, dass es tiefere Beziehungen gibt als verwandtschaftliche, freundschaftliche oder ge-schlechtliche, offenbar das Symbol für Einsamkeit schlechthin. Er scheint nicht einmal eine Haus-hälterin zu haben und muss sogar seine Strümpfe stopfen, was natürlich auch auf seine Armut hindeutet. Seine berufliche Tätigkeit wirkt vergeblich, da niemand kommt, um seine Predigt zu hören. Im Gegensatz zu Eleanor Rigby, deren Vornamen wir kennen, wird mit Pfarrer McKenzie allerdings kaum Mitleid erweckt, vielleicht deswegen, weil er ja diesen Lebensstil freiwillig gewählt hat. Seine Charakterisierung ist fast eine Karikatur, denn die Beatles reihen hier ein Klischee an das andere. Bezeichnenderweise findet sich in dieser zweiten Strophe auch kein hermetisches, also „modernes" Symbol.

Erst in der dritten Strophe wird man wieder überrascht. Es kommt zu einer Begegnung zwischen den beiden einsamen Menschen, wenn auch einer ironischen. Eleanor Rigby stirbt in der Kirche – vermutlich bei der Arbeit – und wird „zusammen mit ihrem Namen begraben" („... and was buried along with her name"). Die Beatles mögen diese Metapher bei Shakespeare gelesen haben, der in seinem Sonett 72 schreibt: „My name be buried where my body is ..."[4] („Mein Name sei begraben, wo mein Leichnam liegt"). Während es in diesem barocken Gedicht jedoch um Schuldgefühle geht – das lyrische Ich wünscht vergessen zu werden, damit sein Name ihm und seiner Geliebten keine Schande mehr bringt – ist Eleanor Rigbys Schicksal nur traurig, denn sie hat anscheinend niemanden so gut gekannt, dass er oder sie sich an sie erinnern würde, jedenfalls kommt keiner zu ihrem Begräbnis. Die auf eine Geste reduzierte Charakterisierung

Pfarrer McKenzies bei der Erfüllung seiner Pflicht („wiping the dirt from his hands as he walks from the grave"/„wischt den Staub von den Händen, als er vom Grab weggeht") evoziert das Gefühl von Distanz, Kälte und wiederum Vergeblichkeit. Die Aussage „No-one was saved" („Niemand wurde gerettet"), egal ob man sie als Erzählerkommentar oder Gedankensplitter des Priesters deutet, verstärkt diesen Eindruck noch. Das Gedicht endet in völliger Trostlosigkeit.

Eine deprimierende Stimmung vermittelt auch die Vertonung des Textes. Die Harmonik bewegt sich zwischen einem dorischen e-Moll als Tonika und dem Dreiklang der sechsten Stufe C-Dur, den man kaum als Submediante interpretieren kann, denn es erfolgt in dem gesamten Lied kein funktionsharmonischer Spannungsaufbau und daher auch keine Lösung, ebenso wenig wie eine Ausgestaltung des musikalischen Geschehens durch die bei den Beatles sonst so beliebte Stufenharmonik. Hinzu kommt die zwar bereits in dem Song „Yesterday" ein halbes Jahr zuvor erstmals eingesetzte, für ein Rockmusikpublikum 1966 jedoch immer noch unerwartete und ungewohnte Instrumentierung durch George Martin, den Produzenten der Beatles, der Anregungen und Ideen der Gruppe realisierte, die ihre eigenen technischen Möglichkeiten überstiegen: anstatt elektrischer Gitarren und Schlagzeug ein (doppelt besetztes) Streichquartett, das gleichsam als Symbol für „klassische" Musik fungiert, die dem zeitgenössischen jugendlichen, von der Massenkultur geprägten Durchschnittshörer langweilig, überholt, als etwas von gestern vorkommt, wie die Menschen, von denen die Beatles singen. Der harte Staccato-Rhythmus entspricht dem emotionslosen Understatement des Textes und verhindert, dass die Streichinstrumente eine sentimentale Stimmung erzeugen.

Die Botschaft des Songs ist in der Tat bedrückend: Einsamkeit, Vergeblichkeit, Sinnlosigkeit, metaphysische Leere; ein Priester, der resigniert hat und nicht merkt, dass jemand in seiner Gemeinde leidet und Trost braucht. Die Beatles, die in so vielen Songs die jugendliche Subkultur gefeiert haben, Freundschaft, Liebe, Lebensfreude, malen mit „Eleanor Rigby" und anderen Liedern der Jahre 1966 und 1967 ein düsteres Bild ihrer Gesellschaft, ohne irgendwelche Lösungen vorzuschlagen. Der erste, medias in res gesungene Refrain ist freilich ein starker Appell an den Hörer, das Problem wahrzunehmen. Dafür, dass die Beatles explizit soziales Engagement forderten, gibt es hingegen keine Hinweise. Noch keine. Ein Jahr später bringen sie jedoch einen Gesinnungswandel zum Ausdruck. George Harrison wird singen „with our love we could save the world"[5] („mit unserer Liebe könnten wir die Welt retten") und John Lennon „there's no one you can save that can't be saved"[6] deklamieren („es gibt niemanden, den du retten kannst, der nicht gerettet werden könnte"). Ersterer wird die Gottesliebe,

Letzterer die Nächstenliebe entdecken und zusammen mit Paul McCartney, dem Hauptautor von „Eleanor Rigby", und Ringo Starr, der ebenso wie die anderen Beatles zur Gestaltung des Gedichts beigetragen hat[7], die literarisch-musikalische Popkunst in neue Dimensionen führen.

UNERHÖRTE KLÄNGE

Klangfarben- und Lautsymbolik in den
Songs der Beatles

DIE KONTROVERSE

Die Songs der Beatles sind melodisch, harmonisch und rhythmisch vielfältiger, anspruchsvoller und stimmiger als beinahe alles, was in der Massenkultur vor, in und nach den 60er Jahren entstanden ist. Und dennoch, so betonen selbst aufgeschlossene zeitgenössische Musikwissenschaftler wie Wilfrid Mellers[1] und Walter Everett[2], welche die Lieder der Beatles ernst genommen und genau analysiert haben, enthalten sie, was die genannten Parameter betrifft, nichts, was nicht auch im 19. Jahrhundert vorkommt oder möglich gewesen wäre. Moderne Kritiker, die ihr Schaffen an dem der bedeutendsten Komponisten des 20. Jahrhunderts Arnold Schönberg und Igor Strawinsky messen, haben also anscheinend nicht Unrecht, wenn sie den Beatles vorwerfen, dass sie mit einem verbrauchten Idiom und mit abgenutzten Ausdrucksmitteln, das heißt mit Klischees arbeiten. Sind ihre Songs also doch nur gute Unterhaltungsmusik, eine bessere Art von Schlager? Oder überhören diese modernen Kritiker Elemente ihrer Musik, die neu, originell, kreativ sind? Messen sie die Beatles vielleicht sogar an einer überholten Ästhetik, die für ihre Songs und darüber hinaus vielleicht für die zeitgenössische Musik insgesamt keine Relevanz mehr besitzt?

TECHNOLOGISCHE INNOVATIONEN

Um diese Frage zu beantworten, ist es unumgänglich, eine der wichtigsten Innovationen des 20. Jahrhunderts in den Blick zu nehmen, nämlich die zwar bereits in der Antike entdeckte, aber erst seit dem zwanzigsten Jahrhundert in vielen Lebensbereichen technisch genutzte Elektrizität. Diese hat nicht nur die Welt der Arbeit und Freizeit, der Kommunikation und des Verkehrs revolutioniert, sondern auch ganz neue Möglichkeiten der Verstärkung, Speicherung, Vervielfältigung, Erzeugung und Bearbeitung von Klängen geschaffen. Merkwürdigerweise waren die bedeutenden und in Bezug auf die Tonalität so revolutionären Komponisten der Moderne in der kreativen Aneignung jener zum Teil doch bereits in ihrer Epoche entwickelten Techniken eher zurückhaltend. Zwar hatten sie nichts dagegen, dass ihre Werke auch auf Tonträgern gespeichert und verkauft wurden, aber bereits die elektrische Verstärkung durch Mikrophon und Lautsprecherboxen im Konzertsaal blieb im Gegensatz zu der sich parallel entwickelnden Massenkultur lange verpönt. Sängerinnen und Sänger waren sogar stolz darauf, dass sie dieser Mittel gar nicht bedurften, um mit ihren ausgebildeten Stimmen einen großen Saal zu füllen. Das bedeutete freilich auch, dass man kreative, über die bloße Vergrößerung der Amplitude hinausgehende Möglichkeiten der Elektronik nicht entdeckte.

DIE NEUE AVANTGARDE

Die ersten Kompositionen, bei denen elektronisch
erzeugte Klänge[3] verwendet werden, stammen von
dem experimentierfreudigen Amerikaner John Cage
(1912-1992), der in seinen fünf *Imaginary Land-
scapes* (1939-1952) Schallplatte, Tonband, Radio
und elektronische Oszillatoren als Tonquellen einsetzte und mit konventionelleren Klängen kombi-
nierte, wobei er allerdings auch Letztere oft mit
ungewöhnlichen Mitteln erzeugte; so etwa prä-
parierte er Klaviere oder verwendete Konserven-
dosen als Perkussionsinstrumente. Nach dem Zweiten Weltkrieg ist dann zunächst Pierre Schaeffer
(1910-1995) mit seiner als musique concrète
bezeichneten Bearbeitung von Schallplattenauf-
nahmen und von elektromagnetisch gespeicherten
Stimmen und Klängen zu erwähnen. Wenig später
trieben Karlheinz Stockhausen (1928-2007) und
Luciano Berio (1925-2003) die Entwicklung und
kreative Verarbeitung elektronischer Klänge voran
und verschmolzen sie mit der konkreten Musik. All
das erfolgte freilich in der „Tradition" der experimen-
tellen Moderne, also fernab der vormodernen, tonalen Idiome früherer Jahrhunderte.

RÜCKKOPPELUNG

Die Beatles hingegen, die von der Massenkultur und
damit der tonalen Musik herkamen, benutzten wie

bereits ihre Rock 'n' Roll-Vorbilder in den 50er Jahren schon kurz nach dem Beginn ihrer Zusammenarbeit – John Lennon (1940-1980) und Paul McCartney (*1942) trafen sich im Juli 1957, im Februar 1958 stieß George Harrison (1943-2001) dazu – elektrische Verstärker, was zu einer wesentlichen Voraussetzung wurde für ihren gigantischen Erfolg als Live-Band und für die Hysterie, die sie mit ihrer frühen Musik auslösten, per se freilich noch keine künstlerische Leistung darstellt. Bereits während der Phase der so genannten Beatlemanie (1963-1966) fing das Quartett, das mit Ringo Starr (*1940) 1962 seine endgültige Besetzung gefunden hatte, jedoch an, elektronisch erzeugte Klänge als Ausdrucksmittel zu begreifen und in ihre Lieder zu integrieren. So ist der erste auf Platte veröffentlichte Song der Musikgeschichte, in dem die bis dahin nur als störend empfundene elektrische Rückkoppelung bewusst eingesetzt wird, das 1964 verfasste „I feel fine"[4]. In dem simplen Lied singt ein lyrisches Ich, also eine fiktionale Persona, vom Glück, in ein Mädchen verliebt zu sein, das seine Liebe ohne Vorbehalt erwidert:

> „I'm so glad that she's my little girl,
> She's so glad she's telling all the world".

Musikalisch beginnt der Song nicht mit der üblichen instrumentalen oder vokal-instrumentalen Einleitung, wobei die frühen Beatles-Songs ja auch diesbezüglich bereits eine große Variationsbreite

aufweisen, sondern mit einem auf der elektrischen
Bassgitarre erzeugten Ton A (zwei Oktaven unter
dem Kammerton a), mit dem nach drei Sekunden
durch die Annäherung der Lead-Gitarre an einen
der Lautsprecher eine ebenfalls drei Sekunden lang
während Rückkoppelung (feedback) erzeugt wird,
die an Dynamik und Dichte zunimmt, um dann in
den das Stück prägenden Gitarrenriff zu münden.
Rückkoppelung wird hier also als Mittel, Interesse
zu wecken und Spannung aufzubauen eingesetzt,
fungiert darüber hinaus aber auch als voraus-
weisendes Symbol der im Folgenden ausgedrückten
reciprocity der Liebe, des elektrisierenden Zusam-
menklingens und sich Verstärkens der wechsel-
seitigen Empfindung. Popmusiker wie die britische
Band The Who und der amerikanische Gitarrist
Jimmy Hendrix perfektionierten das Feedback
wenige Jahre später zu einem virtuos eingesetzten
Gestaltungsmittel. Die Beatles aber erwiesen sich in
diesem wie in so vielen anderen Bereichen als die
eigentlichen Innovatoren, indem sie Pop und elektronische Musik zusammenführten.

KLEINE WUNDER

In Richtung „klassische" Musik erweitert das
Liverpooler Ensemble sein Klangfarbenrepertoire im
August 1965 mit dem elegischen Song „Yesterday"
auf der LP *Help*[5], in dem es, auf Anraten ihres

versierten Produzenten George Martin, das vertraute Rockinstrumentarium durch ein Streichquartett ersetzt. Dieses liefert zusammen mit der subtilen und nie ins Sentimentale abgleitenden Ausgestaltung des musikalischen Satzes ein objektives Klangkorrelat der schwermütigen Sehnsucht des lyrischen Ichs nach dem bis „gestern" so glücklichen Zusammensein mit einer geliebten Frau, die sich unerwartet von ihm getrennt hat. Nicht nur in Bezug auf die klangfarbliche Textur, sondern auch hinsichtlich des *lyric*, des Liedtextes, stellt der Song im popmusikalischen Kontext einen beträchtlichen Fortschritt dar: Paul McCartney bringt hier mit einfachen, aber stimmigen poetischen Mitteln Gedanken und Empfindungen einer Persona zum Ausdruck, in denen sich das Gefühl eines großen Verlusts, Selbstzweifel, quälende Fragen und nostalgische Erinnerung so verdichten, dass kein Wort überflüssig ist, keine Aussage abgedroschen, keine Metapher kitschig wirkt. Der zentrale Begriff „yesterday" wird dabei zum mehrschichtigen Symbol: Er steht für das sorglose, glückliche Miteinander („yesterday/all my troubles seemed so far away"), verweist aber darüber hinaus auch auf die geliebte Person („I believe in yesterday"); in einer kühnen Bedeutungsverschiebung wird es in der zweiten Strophe schließlich zur paradoxen Metapher für die Trennung und den Verlust („yesterday came suddenly").

Die Gestaltung des Textes ist auch lautsymbolisch interessant. In Strophe 1 enden alle vier Verse mit dem Diphtong /-eɪ/ (yesterday-away-stay-yesterday), was die sich im Kreis bewegenden Gedanken, den plötzlichen Stillstand des Lebens, dessen Sehnen nur noch auf das gemeinsame Gestern ausgerichtet ist, selbst in der Wiederholung der Phoneme hörbar macht. Die Reime der zweiten Strophe werden von dem Monophtong /-i(ː)/ (suddenly-beme-suddenly) dominiert, es fehlt also im Vergleich zur ersten Strophe ein Vokal des Doppellauts, was das Alleinsein im tristen, leeren Heute symbolisieren mag und in Vers acht in der erwähnten metaphorischen Verknüpfung des nun phonetisch noch durch die Assonanz „came" verstärkten, klangvollen „yesterday" mit dem harten, in einem kurzen Vokal auslautenden „suddenly" ein dissonantes, schroffes Ende ergibt. Der Refrain bringt die neuen Binnenreimlaute /-ou/ (go-know) und /-ɔng/ (wrong-long), leitet zugleich aber mit einer weiteren Rekurrenz des zentralen Diphtongs in dem Verb „say", das erneut den Leitbegriff heraufbeschwört, geschickt zur dritten Strophe über, welche die Reimstruktur der ersten wiederholt und darüber hinaus durch das zusätzliche Reimwort „play" und durch die Assonanzen „game" und „place (to hide away)" anreichert, wobei die Häufung des Diphtongs nun auch die in den Wortbedeutungen ausgedrückte Desillusionierung verstärkt.

Spätestens mit diesem „small miracle"[6] (kleinen Wunder), wie Winfrid Mellers das musikalisch und literarisch perfekte „Yesterday" nennt, beweisen die Beatles, dass Pop und Kunst kein Widerspruch sein müssen. Das gilt gewiss auch für John Lennons satirische, Egoismus und Falschheit geißelnde Kurzballade „Norwegian Wood" auf der LP *Rubber Soul* (Dezember 1965), deren *lyric* sogar in eine Anthologie „klassischer englischer Dichtung" Aufnahme fand[8]. Lennons Kunst der Andeutung und Ironie stellt ebenfalls einen poetischen Quantensprung zu den simplen Texten der frühen Beatles und zur Massenkultur im Allgemeinen dar. Anders als in dem „klassisch" orchestrierten „Yesterday" fungiert in „Norwegian Wood" nun erstmals ein exotisches Instrument, die obertonreiche indische Sitar, als Klangfarbensymbol. Ihr sirrender Sound verweist auf das sirenenhafte Spiel, das eine Frau mit dem auf egoistische Gratifikationen hoffenden Ich-Erzähler treibt. Indem sie ihn in ihr Zimmer einlädt, weckt sie seine sexuelle Begierde, um sie schließlich lachend zu frustrieren. Ihr Gast muss im Bad übernachten.

KLANGFARBEN FÜR DIE GUMMI-SEELE

Der endgültige Durchbruch zu einer dichten, innovativen Klangfarbenmusik gelingt den Beatles mit der im August 1966 veröffentlichten LP *Revolver*[9]. Poetisch erweitern sie das bis dahin in ihren Songs wie in der Popmusik generell vorherrschende Sujet erotischer Liebe durch neue Themen wie etwa Ausbeutung und Ungerechtigkeit („Taxman"), Einsamkeit und Sinnlosigkeit („Eleanor Rigby"), die Weigerung, sich an die hektische Leistungsgesellschaft anzupassen („I'm only sleeping") oder das Abtauchen in eine phantastische Gegenwirklichkeit („Yellow submarine"). In musikalischer Hinsicht zeigt sich ihre Popkunst nun aber dadurch, dass ihnen das elektronische Tonstudio nicht mehr nur zum Einspielen ihrer Songs dient, sondern zu einem zentralen Mittel des Komponierens wird.

Am avantgardistischsten, wenn man diesen modernen, in der Postmoderne eigentlich überholten Begriff überhaupt unter Vorbehalt auf die Popkultur anwenden will, ist dabei das Lied mit dem surrealistisch klingenden Titel „Tomorrow Never Knows". Sein Text ist weitgehend Timothy Leary's 1964 erschienenem Buch *The Psychedelic Experience: A Manual Based on the Tibetan Book of the Dead*[10] entnommen, einer Art Anleitung, mithilfe von LSD, analog zu tibetanischen Meditationstechniken, das Ego aufzulösen, um Erleuchtung und Glückseligkeit zu erlangen. Die Beatles basteln aus diesem Material 15 freie Verse, in denen der Sänger den Hörer dazu auffordert, abzuschalten, sich zu entspannen und stromabwärts treiben zu lassen etc.

„Turn off your mind, relax and float downstream.
It is not dying, it is not dying.

Lay down all thought, surrender to the void.
It is shining, it is shining."[11]

Die dazwischengeschalteten, durch Verdoppelung
verstärkten Aussagen erläutern die Bedeutung und
Wirkung der meditativen Übung (es ist nicht Sterben, es ist nicht Sterben; sie [die Leere] leuchtet, sie
leuchtet) und zeigen ihr Ziel auf: die Erkenntnis
„that love is all and love is ev'ryone". Schließlich
wird dem Hörer im Sinne der Reinkarnationslehre
die Möglichkeit suggeriert, das Spiel der Existenz zu
Ende spielen und wieder neu beginnen zu können,
eine Idee, die auch im Titel der Schallplatte
„Revolver" angedeutet ist.

Musikalisch wird der Song durch den „fernöstli-
chen", von einer Tanpura, einem kürbisähnlichen
indischen Saiteninstrument mit langem Hals, erzeugten Bordun (Dauerton) eingeleitet, dem ein
monotoner, gedämpfter Trommelrhythmus unterlegt
ist. Die mit Sekunde 12 einsetzende eintönige
Melodie, die sich zwischen c^1 (261 Hz) und c^2 (523
Hz) bewegt, in den Aufforderungssätzen absteigend,
in den Aussagesätzen aufsteigend, weist dem
meditativen Charakter des Textes entsprechend
keine harmonische Entwicklung auf. Am auffälligsten sind an dem Song jedoch die elektronisch
erzeugten bzw. verfremdeten Töne. John Lennons
Stimme ist ab Minute 1:28 durch technische Verfahren komprimiert und wirkt dadurch raumlos,
quasi verinnerlicht. Von Minute 1:08 bis 1:24

erklingt der kurze Ausschnitt eines Gitarrensolos von George Harrison, der jedoch rückwärts ein-montiert wurde, was die Aufhebung der vorwärts-drängenden Zeit symbolisieren könnte und zudem auf das Rückwärtsschreiten an den Anfang hinwei-sen mag, um das Spiel der Existenz, wie es in den Schlussversen heißt, erneut zu beginnen. Seltsame Klangschleifen (*loops*), die mit einem Mellotron erzeugt werden, einem in den frühen 60er Jahren entwickelten Tasteninstrument, das mittels Magnet-bändern Flöten,- Trompeten und Saitenlaute her-vorbringen kann, erinnern unter anderem an die quiekenden Laute, die über dem Wasser kreisende Möwen von sich geben, und wecken damit Assozia-tionen an das Meer, ein altes Symbol für die Unend-lichkeit und das Unbewusste, also das, wovon der Song letztlich handelt.

Mit *Revolver* leisten die Beatles einen beachtlichen Beitrag zur elektronischen Musik der 60er Jahre. Nicht nur punktuell, wie mit den zuvor erwähnten Songbeispielen aus dem Jahr 1965, sondern auf breiter Linie überschreiten die Beatles mit dieser LP die Schwelle zur Kunstmusik. Sie schaffen etwas, das als Fusion von niederer und hoher Kunst gesehen werden kann, nach Leslie Fiedler ein wesentliches Merkmal der Pop Art und Post-moderne[12]. Dabei lassen sie ihre durch die Massen-kultur geprägten Zuhörer nicht zurück, sondern versuchen, sie in neue, anspruchsvollere Klang-welten mitzunehmen und auf ein höheres Niveau zu heben, musikalisch, poetisch, existentiell, indem sie zugleich Möglichkeiten der traditionellen, der modernen und der zeitgenössischen Musik und Literatur nutzen. Für Avantgardisten wie Stockhausen, Berio, Boulez et al., welche die 12-Tonmusik zur seriellen Gestaltung aller Parameter weiterentwickelten, gilt dies hingegen kaum, da sie mit der Mathematisierung des Komponierens kein großes Publikum erreichten und stets etwas Elitäres und Esoterisches behielten. Die Kunstmusik der Moderne wird eigentlich erst in den 70er Jahren massentauglich, also postmodern, vor allem durch den in der Schönberg-Schule ausgebildeten amerikanischen Komponisten Philip Glass (*1937), der mit seiner *minimal music*, die zwar tonale Elemente aufgreift, aber keineswegs zur traditionellen Tonalität zurückkehrt, und mit seinen genreüberschreitenden Kompositionen, wie etwa der Oper *Einstein on the Beach* (1976), der Filmmusik zu *Koyaanisqatsi* (1982) und der Vertonung von Gedichten Allen Ginsbergs im Oratorium *Hydrogen Jukebox* (1990) und der *Symphony No. 6. Plutonium Ode* (2005), die Dichotomie von E- und U-Musik gleichsam von oben her überwunden und eine beträchtliche Popularität erreicht hat.

Wenn die Beatles ihre Hörer musikalisch und literarisch auf ein höheres Niveau hoben, so haben sie damit gewiss ein großes Verdienst. Was die weltanschauliche Komponente betrifft, gerieten sie bei ihrer Suche nach einem Ausweg aus Hedonismus, Kommerzialismus, Konsumismus, Relativismus und anderen „westlichen Werten" freilich an falsche Propheten, die nicht nur die vier Künstler selbst, sondern auch manche ihrer haltlosen Fans, welche sie abgöttisch verehrten, in die Irre führten. Die Meditation, die in „Tomorrow never knows" propagiert wird, ist drogeninduziert und damit letztlich selbstzerstörerisch. Chemisch erzeugte Glückszustände und Visionen befriedigen allenfalls die *rubber soul* (Gummiseele), bringen jedoch weder übernatürliche Erleuchtung noch himmlischen Frieden. Das hat der Verfall der Szene in den späten 60er und den 70er Jahren klar gezeigt. Erst in der Hinwendung zur Transzendentalen Meditation des Maharishi Mahesh Yogi in den Jahren 1967/68 fanden die Beatles eine Alternative zu Rauschmitteln, die nicht a priori destruktiv ist und manchen vielleicht sogar zu einer authentischen Religiosität verholfen hat.

AM GIPFEL DER POP-SONG-KUNST

Als das Meisterwerk der Beatles gilt fast allen Musikkritikern die LP *Sergeant Pepper's Lonely Hearts Club Band*[13] (1967). In der Tat ist die Bewusstheit und Souveränität, mit der das Ensemble und sein Team nun literarische, musikalische und – über das von dem Popkünstler Peter Blake nach Ideen der Gruppe realisierte Cover – auch visuelle Gestaltungsmittel einsetzt und zu einem stimmigen Gesamtkunstwerk fusioniert, in der Pop-kultur bis dahin beispiellos und bis heute unüber-troffen.

Wer die naiv-fröhlichen, selten von mehr als Liebes-kummer beschwerten Songs der frühen Beatles im Kopf hat, erschrickt allerdings über das trotz aller Buntheit düstere Bild der zeitgenössischen Gesell-schaft, das hier von den inzwischen Mitt-Zwan-zigern gemalt wird. In den Liedtexten – erstmals in der Popgeschichte auf der Rückseite eines Platten-covers abgedruckt – dominieren Motive wie Einsam-keit und Unsicherheit, Rausch, Traum, Illusion, Egoismus und Entfremdung, Gewalt, Leere, Sinn-losigkeit. Zu Beginn wird der Hörer in die gespannte Erwartung vor einem Konzert versetzt. Während sich das Publikum noch unterhält, werden Instru-mente gestimmt, dann tritt ein Conférencier auf und führt mit rauem Gesang zu Hard-Rock-Begleitung Sergeant Pepper und seine Band ein, bevor dieselbe sich als dilettantische Blaskapelle mit schrägen Tönen und einschmeichelnden Worten selbst vor-stellt, was nicht nur Beifall, sondern auch Gelächter auslöst, und der Conférencier erneut das Mikrofon ergreift und mit dem Hinweis auf einen gewissen Billy Shears, dessen Erscheinen von hysterischem Kreischen begleitet wird, zum ersten Song über-leitet. In zunächst zehn Liedern, auf die eine Reprise des Eingangsthemas der Sergeant Pepper's Lonely Hearts Club Band nun mit der fünfmaligen Epipher

„lonely" folgt, sowie einem elften Lied als abschlie-
ßende Zugabe, wird eine Fülle alltäglich-realis-
tischer, aber auch phantastisch-(alp)traumhafter
Situationen, Figuren und Geschehnisse aus unterschiedlichen Perspektiven präsentiert. Als Erstes
vernehmen wir die gesanglich etwas unsichere, aber
durch ihre Aufrichtigkeit sympathisch wirkende
Stimme eines lyrischen Ichs mit offensichtlichen
Minderwertigkeitsgefühlen, das sich nach Liebe
sehnt, aber auch Zuversicht äußert, dass es „with a
little help from my friends" (mit ein wenig Hilfe von
meinen Freunden) schon zurechtkommt. Dann
fordert eine andere Stimme den Hörer auf, sich mit
ihr in einem Boot auf eine Traumreise zu begeben,
bei der er einem Mädchen mit Kaleidoskop-Augen
begegnen und alle möglichen surrealen Dinge sehen
und erleben wird. Das nächste Lied bringt die
selbstkritischen Einsichten eines Mannes in früheres Fehlverhalten zum Ausdruck, verbunden mit der
Hoffnung, dass alles besser wird, seit er eine angesprochene, nicht näher charakterisierte Person
kennengelernt hat. Dann lässt uns ein lyrisches Ich
an den surrealen Versuchen teilnehmen, seine
Phantasie unter Kontrolle zu bringen. Aus neutraler
Perspektive wird die Geschichte eines minderjäh-
rigen Mädchens erzählt, das heimlich seine Eltern
verlässt, um Spaß zu haben, das Einzige – so die
verzweifelte und fragwürdige Erkenntnis des alten
Paares –, was Geld nicht kaufen könne. Am Ende
der ersten Seite der LP preist eine Art Reklamesong
in Superlativen die Artisten und Kunststücke einer

bevorstehenden Zirkusveranstaltung an, deren
Höhepunkt der Auftritt eines gewissen Mister Kite
darstellt, der alles zu übertreffen verspricht. Im
ersten Song der Seite zwei berichtet ein Erzähler in
der Wir-Form von Gesprächen über Menschen, die
in ihren Illusionen gefangen sind, und gibt bewe-
gende Kommentare und Ratschläge ab, wie man
wahrhaft leben solle, was am Ende jemand aus dem
Konzertpublikum mit Lachen quittiert. Das nächste
Lied ist ein wegen seiner detaillierten Vorstellungen
von einer gemeinsamen Zukunft reichlich verschro-
ben wirkende Heiratsantrag eines jungen Mannes
an seine Freundin, wobei er vor allem wissen will,
ob sie ihn auch noch lieben werde, wenn sie beide
alt sind. Als Gegenpol folgen darauf die lüsternen
Phantasien eines lyrischen Ichs, welches in ein
Mädchen vernarrt ist, das als Politesse arbeitet und
Parkuhren kontrolliert. Eine andere Persona gibt
ihre banalen Beobachtungen der städtischen Um-
welt und ihre oberflächlichen Empfindungen an
einem langweiligen, ereignislosen Tag wieder und
kommt zu der Einsicht, dass sie nichts zu sagen
habe, was sie aber auch ganz ok findet.

Alles, was auf *Sergeant Pepper* präsentiert wird, ist
ästhetisch gebrochen. Nirgendwo hat man den
Eindruck, dass die Erzähler oder poetischen Personae Sprachrohre der Beatles sind. Keine konkret
gemachte Aussage enthält eine unwidersprochene
Botschaft und nichts ist sicher in dieser Welt,
„nothing is real" – wie es in dem ebenfalls 1967

erschienenen Beatles-Song „Strawberry Fields Forever"[14] heißt –, alles ist entweder durch Medien
(Zeitung, Film, Rundfunk, Plakat) vermittelt oder
wirkt direkt phantasmagorisch. Das wichtigste
dieser Verfremdungsmedien ist natürlich die fiktive
„Sergeant Pepper's Lonely Hearts Club Band", die ja
alles präsentiert. Bereits ihr skurriler Name und ihr
lächerliches Auftreten machen sie erzähltechnisch
unglaubwürdig und schließen jede unmittelbare
Identifikation aus. Hinzu kommt, dass das fiktive
Publikum mit seinem Beifall, seinem Kreischen und
Lachen Distanz zu der Band und ihren Storys
schafft. Blanke (Selbst-)Ironie ist auch die schein-
bare Identifikation der Beatles mit der Sergeant-
Pepper-Band auf dem Cover und der Innenseite des
Albums, wo John, Paul, George und Ringo in karne-
valesken Militäruniformen abgebildet sind.

Die Vielfalt der Themen, Figuren, Perspektiven und
Stimmungen auf *Sergeant Pepper* sowie den meisten
anderen Beatles-Songs, die in zeitlicher Nähe zu
dem Meisterwerk entstanden, findet ihr Pendant in
einer poppigen Sprache, die sich vor allem in einer
grellen, manchmal surrealen Bildhaftigkeit und
einer klangvollen Lautgestaltung der *lyrics* manifestiert. Da ist von „rocking horse people"
(Schaukelpferdleuten) die Rede, von „newspaper
taxis" (Taxis aus Zeitungspapier) und „plasticine
porters with looking glass ties" (Plastilinpförtnern
mit Spiegelkrawatten); ein lyrisches Ich singt: „I'm
fixing a hole where the rain gets in/and stops my

mind from wandering" (ich bringe ein Loch an, in das es hineinregnet und das meine Gedanken davon abhält umherzuschweifen) und in einem anderen Lied kommentiert eine Persona, dass man jetzt wisse, „how many holes it takes/to fill the Albert Hall". An der Lautgestaltung fällt oft eine extreme Häufung von Assonanzen, Alliterationen und Reimen auf, die im Zusammenspiel mit bestimmten rhythmischen Mustern einen starken sprachmusikalischen Klangreiz erzeugt. Eines der auffälligsten Beispiele dafür ist der Song „Lovely Rita"[15], dessen trochäisch rhythmisierter Refrain den Namen der angesprochenen Person mit dem US-amerikanischen Begriff für „Parkuhr" reimt und diesen wiederum über eine weitere Alliteration zur Berufsbezeichnung erweitert: „Lovely Rita meter maid". Zur leicht ironischen Charakterisierung ihres Aussehens: „In a cap she looked much older/and the bag across her shoulder,/made her look a little like a military man" tragen auch der Reim (older/ shoulder), die Häufung der Vokale /æ(:)/ und der Konsonanten /l/ und /m/ bei, und wenig später bei dem Annäherungsversuch des lyrischen Ichs schafft die penetrante Rekurrenz der Vokale /i:/ (viermal) und /i/ (dreimal) und des Konsonanten /t/ (dreimal) ironische Distanz: „... may I inquire discreetly,/when are you free to take some tea with me?" Derartige Lautspiele können bei den Beatles so weit gehen, dass die syntaktische Struktur, die semantische Stimmigkeit und der situative Zusammenhang aufgelöst werden, wie zum Beispiel in dem ebenfalls 1967 verfassten „I'm the walrus"[16], wo man folgenden Vers vernimmt, in dem die achtfache Assonanz des Vokals /i(:)/ alle anderen Sprachkomponenten überlagert: „Mr. City policeman sitting pretty little policeman in a row". Ähnlich wenig später, wo nach dem Laut- und Bedeutungsspiel „expert texpert" die lustige Suggestivfrage „choking smokers/don't you think the joker laughs at you?" mit ihren vier /ou/-Assonanzen folgt, ohne dass, selbst durch Einbeziehung des Gesamtkontextes, ein eindeutiger Sinnzusammenhang entsteht. Spielt der Neologismus „texpert" auf Kritiker an, die Experten im Analysieren von Texten, die dann mit erstickenden Rauchern verglichen werden, über die der „joker" lacht? Zu Lennons Kunstauffassung würde diese Deutung passen, gefiel sich der Beatle-Dichter doch in der Rolle des Narren, der sich, ebenso wie Bob Dylan, oft über die Interpretationen seiner *lyrics* lustig machte.

Mit den Sprachlautspielen korrespondiert das aufwändige und subtile Klangfarbenspiel, das die Beatles schon seit *Revolver*, aber vor allem auf *Sergeant Pepper* und in den Songs, die sie in den verbleibenden Jahren ihrer Zusammenarbeit verfassten, treiben. Während das tonale Idiom weitgehend beibehalten wird, umfasst ihr Reservoir an traditionellen westlichen Musikinstrumenten nunmehr zahlreiche Arten und Unterarten von Blasinstrumenten wie Flöte, Trompete, Horn, Posaune, Tuba, Fagott, Oboe, Klarinette, Saxophon sowie die

Saiteninstrumente Violine, Viola, Cello, Kontrabass, Harfe, Klavier und Cembalo. Sodann erweitern exotische Saiteninstrumente wie die indischen Sitar, Swarmandal, Tanpura und Dilruba und Perkussionsinstrumente wie die ebenfalls indische Tabla, die kubanischen Congas und Bongos und die südamerikanischen Maracas, aber auch alle möglichen Gebrauchsgegenstände, die gar nicht zur Erzeugung von Tönen konstruiert wurden, wie Gläser, Kamm und Papier oder Ketten, ihr Spektrum an Klängen und Klangsymbolen. Der originelle, üppig-bunte Tonteppich, den die Beatles weben, entsteht freilich nicht nur durch die zahlreichen konventionell erzeugten Klangfarben, sondern vor allem auch durch deren elektronische Verarbeitung, zum Beispiel durch das Aufspielen einer zweiten und weiterer Aufnahmen auf eine existierende (double-tracking, overdubbing), durch Hall- und Echoeffekte, Kompression, Erhöhung oder Verminderung der Bandgeschwindigkeit, Verzerrung, die Integration konkreter Geräusche (Motor, Hupen, Glocken, Wecker, Tierlaute etc.) und natürlich auch durch die Verwendung elektronischer Tonerzeuger wie das Clavioline, das Ondes Martenot und das Mellotron. Den 1968 entwickelten Moog-Synthesizer setzen sie erstmals 1969 auf der LP *Abbey Road* ein. Kaum etwas bleibt, wie es ist, alles wird präpariert, gemischt, umgestaltet, verfremdet, vom Gesang über das Rockinstrumentarium und Symphonieorchester bis zur Schallplattenauslaufrille.

Die innovativsten, aufrüttelnden Klänge auf *Sergeant Pepper* enthält der letzte und komplexeste Song der Platte, eine Art Zugabe nach der Reprise der Sergeant-Pepper-Band, ja mehr als das, der eigentliche Höhepunkt des Werks, das Lied mit dem Titel „A Day in the Life"[17]. Wiederum bietet sich der Text an, um einen Überblick über Inhalt, Struktur und Aussage des Songs zu erhalten. Er umfasst 32 Verse, die sich in fünf Hauptteile A1(S1-3)-R-B-A2(S4)-R gliedern lassen. Teil A1 besteht aus drei Strophen. In der ersten, S1 (Vers 1-5), singt ein lyrisches Ich in drei- bis fünfhebigen Jamben von seiner morgendlichen Zeitungslektüre und seiner Reaktion auf das Gelesene. Es muss lachen, obwohl der Bericht über einen vermeintlich glücklichen, materiell erfolgreichen Mann eigentlich traurig ist, denn, so erfährt man in S2 (V6-11), er ist bei einem Autounfall gestorben, weil er übersah, dass die Ampel umgesprungen war. Eine Menge von Gaffern hat sich versammelt, das Gesicht kommt ihnen bekannt vor, keiner aber ist sich der Identität des Opfers gewiss. In S3 (12-16) singt das lyrische Ich davon, dass es am selben Tag auch einen Kriegsfilm gesehen hat. Während sich viele, anscheinend wegen des Grauens des Dargestellten, abwenden, muss es selbst einfach weiterschauen, weil es das Buch gelesen hat. Es folgt die kurze, den Hörer direkt ansprechende Aussage „I'd love to turn you on" (ich würde euch gern antörnen) (V17), die am Ende des Textes wiederholt wird und daher als Mini-Refrain (R) gelten kann. Teil B (V18—25) unterscheidet sich von dem in gleichmäßigen Jamben verfassten Teil A durch seinen hektischen Sprachrhythmus in unregelmäßig wechselnden jambischen, trochäischen und daktylischen Metren. Eine andere Persona erzählt nun von eilig und routinemäßig verrichteten Tätigkeiten nach dem Aufwachen am Morgen bis zur Fahrt mit dem Bus, wo sie zu rauchen beginnt, jemanden reden hört und ins Träumen gerät. Teil A2 (V26-21) besteht nur aus der vierten Strophe S4, die analog zu S1 bis S3 gestaltet ist. Wir hören erneut das erste Ich, das uns dieses Mal über eine Rundfunknachricht informiert, in der von „four thousand holes" in Blackburn Lancashire die Rede war, die alle gezählt werden mussten, was das lyrische Ich, wie bereits erwähnt, zu dem spöttischen Kommentar veranlasst, dass man nun weiß, wie viele Löcher es braucht, um die Albert Hall damit zu füllen. Der Text endet mit dem im Refrain ausgedrückten Wunsch (V32).

John Lennon, der Autor der A-Teile, trägt deren groteske bis absurde Aussagen mit dem Understatement einer gleichbleibend emotionslosen Stimme vor, in einer einfachen, synkopierten, zwischen G-dur und e-moll harmonisierten, von Schlagzeug, Gitarre und Klavier mehr vorangetriebenen als begleiteten Melodie, während Paul McCartneys unruhiger, wiederholt Takt und Rhythmus variierender, ins Hecheln geratender Gesang in E-Dur die atemlose Hektik darstellt, von der die Verse in Teil B handeln. Der von Lennon gesungene Refrain leitet jeweils ein gewaltiges, weder aus dem Text eindeutig ableitbares noch aus dem musikalischen Geschehen notwendigerweise hervorgehendes und daher als eine Art absolute musikalische Metapher zu verstehendes, völlig überraschendes und verstörendes Klangereignis ein, wie es so noch nie und nirgendwo in der Musikgeschichte stattgefunden hat. In 24 Takten baut sich ein akustischer Tsunami auf, der – an Höhe und Wucht zunehmend – auf den Hörer hereinbricht, bis ein greller Gipfellaut den Höhepunkt und das Ende der Beklemmung signalisiert. Während nach dem ersten derartigen Ereignis ein Wecker läutet, der uns aus dem musikalischen Alptraum in die erwähnte banale Alltagsrealität entlässt, ereignet sich nach der absurden Schlussbemerkung von S4 eine erneute symphonische Aufgipfelung, die sich dieses Mal jedoch in einem gewaltigen E-Dur-Dreiklang löst, der uns in seinen Bann zieht, bis er nach etwa 45 Sekunden vollständig verklungen ist.

Die hermetische, zweimal einmontierte Klangmetapher, welche das Orchester-Crescendo darstellt, haben bei Hörern unterschiedliche Assoziationen und Interpretationen ausgelöst; sie reichen vom tödlichen Autounfall über Explosionen im Krieg – von beidem ist im Text die Rede – bis zu dem „langsame[n] Erwachen aus tiefem Schlaf"[18] und orgiastischen Rauscherfahrungen, zu denen mancher im Refrain aufgefordert zu werden meinte.

Mellers spricht sogar von einem „electronic trip that seems to be also an atomic explosion, obliterating both public revelry and private love."[19]

Handelt es sich aber wirklich um elektronisch erzeugte Klänge? Was machen die Beatles hier eigentlich genau? Tatsächlich war es Paul McCartneys Idee, die 24 nach dem ersten Refrain verbleibenden, nur durch einen eintönigen Schlagzeugrhythmus gefüllten Takte einer Erstfassung des Songs durch ein Orchester-Crescendo zu füllen, bei dem jeder Instrumentalist anzuweisen sei, ohne die Mitspieler zu beachten, in der vorgegebenen Zeiteinheit eine ganz individuelle melodische Linie von einer tiefsten zu einer gemeinsamen höchsten Note nach Möglichkeit als Glissando zu improvisieren. George Martin modifizierte die Vorgaben dahingehend, dass er zu Beginn jedes Taktes eine Note als Anhaltspunkt vorgab, den der Spieler bis dahin ungefähr erreicht haben sollte. Streng verbindlich war für die Spieler in jedem Fall die Vorgabe, dass die Dynamik von *ppp* bis zu *fff* zu wachsen habe. Um den außergewöhnlichen Schwellklang zu kreieren, wurden 40 Musiker engagiert, die meisten vom Royal Philharmonic Orchestra und vom London Symphony Orchestra, und zwar 39 Instrumentalisten, was in etwa der Anzahl eines klassischen Symphonieorchesters entspricht, und einen zusätzlichen Schlagzeuger. Das elektronische Element kommt erst darin zum Tragen, dass das Orchester viermal aufgenommen und dann zu einem einzigen

Klangereignis zusammengemixt wurde, sodass man quasi 160 Musiker hört.[20]

Der Dreiklang am Ende des Songs ist ebenfalls subtil gestaltet, denn er besteht keinesfalls nur in einem auf dem Flügel gespielten E-Dur-Akkord, der unter Verwendung des rechten Pedals bis zum vollständigen Verklingen gehalten wird. Vielmehr schlagen vier Spieler (John, Paul, Ringo und der Road Manager der Gruppe Mal Evans) auf drei Flügeln gleichzeitig den Akkord an, was sein Volumen vervierfacht. In einem weiteren Aufnahmeschritt reicherte George Martin den Klang mit einem Harmonium an. Der resultierende gewaltige E-Dur-Akkord benötigte ursprünglich 53½ Sekunden, bis er verklungen war[21], wurde dann jedoch für die Veröffentlichung etwas verkürzt. Beim Hörer ruft er die Titelbegriffe des Songs in Erinnerung, das Zu-Ende-Gehen eines Tages, das Ende des Lebens, den Untergang einer Kultur, vielleicht der Welt. Wenn man die beiden erwähnten Soundereignisse als Metaphern für die Apokalypse hört, ist diese freilich keine christliche, erlösende, die mit dem Weltgericht einen neuen Himmel und eine neue Erde verspricht, in der es kein Leid und keinen Tod mehr gibt. Oder doch? Wilfrid Mellers weist darauf hin, dass in der Musik des 18. und 19. Jahrhunderts E-Dur für den Himmel steht. Sollten die Beatles das intendiert haben?

Jedenfalls kann man den Schluss von „A Day in the Life" durchaus in einen musikgeschichtlichen Zusammenhang stellen. Wirkt er nicht wie die Verfremdung eines klassischen Konzertschlusses durch eine extrem übersteigerte, radikal subjektive, das heißt modern-atonale Polyphonie mit aleatorischem Charakter, um den gewaltigen, chaotischen Aufbau einer Pseudo-Dominante, die am Ende in eine befreiende, homophon und klangrein erzeugte Quasi-Tonika aufgelöst wird? Pop-Kunst-Musik oder besser Pop-Musik-Kunst wird hier zum postmodernen Spiel mit der musikalischen Tradition und Moderne, verdichtet, erweitert, verfremdet durch Mittel der elektronischen Musik.

Die Beatles wären allerdings nicht die Beatles der Mittsechziger Jahre, wenn sie nicht auch dieses fulminante Ende des Konzerts ihrer Sergeant-Pepper-Band ironisieren würden. In der normalerweise leeren, also stummen konzentrischen Auslaufrille der Vinyl-Platte vernimmt man plötzlich verzerrtes Lachen und Unsinnslaute: zwei im Stil der musique concrète durch Wiederholung und Erhöhung der Geschwindigkeit verfremdete Stimmen, die einen unverständlichen Dialog führen. Einige Hörer meinten, nachdem sie die Geschwindigkeit der Aufnahme reduziert hatten, die Bemerkung „been so high" von Lennon und McCartneys Antwort „never could be any other way" zu vernehmen[22], was zusammen mit dem Refrain vom Antörnen zu dem Gerücht beitrug, die Beatles wollten mit dem Lied für den Konsum von Drogen werben.

Aber auch das ist noch nicht alles! Selbst der aufmerksamste Hörer, der strukturelle Hörer, wie Adorno den Musikexperten in seiner *Einführung in die Musiksoziologie*[23] beschrieb, hat nicht alles wahrgenommen. Nach dem Verklingen des E-Dur-Dreiklangs und vor der witzig bespielten Auslaufrille erklingt noch ein Ton. Ein Ton allerdings, den man nicht hören kann. Es war John Lennons Idee, einen Pfeifton mit der Frequenz 15000 Hz in die Pause, den Augenblick des Schweigens, quasi als *sound of silence* nach dem gewaltigen Schlussakkord des soeben verklungenen Tages im Leben einzufügen.[24] Ein Ton, der zu hoch ist für das menschliche Ohr. Nicht aber für Hunde. Sie können ihn hören. Und reagieren darauf. Tatsächlich – das vorletzte Klangereignis, die Sekunde des Schweigens nach „A Day in the Life" und vor dem Micky-Maus-Gequieke ist auf *Sergeant Pepper* der Ton einer Hundepfeife. „Radical irony" hat der Literaturwissenschaftler Ihab Hassan die Ironisierung jeglicher Position und damit die Aufhebung jeglichen Werthorizonts in der Postmoderne genannt.[25] Von wegen Himmel!

JENSEITS VON POP

Nach dem zwar kurzen, aber gewaltigen Ausbruch in die „moderne" Atonalität an zwei Stellen von „A

Day in the Life", muss noch das Ende des Weges der Beatles zur „hohen" Musik Erwähnung finden, das revolutionärste Stück der Band überhaupt, das den bezeichnenden Titel „Revolution 9" hat. Es handelt sich um eine Klangcollage auf dem 1968 erschienenen Doppelalbum *The Beatles*[26], wegen seines weißen Covers auch *White Album* genannt, mit der das Ensemble die Popmusik definitiv hinter sich lässt und sich auf das Terrain der avantgardistischen elektronischen Musik begibt. Das Stück, das den Einfluss von Stockhausens *Gesang der Jünglinge* erkennen lässt, schafft eine vielschichtige Klangwelt aus menschlichen Stimmen (mit und ohne sprachliches Signifikat), abstrakten Tönen (sowohl elektronisch als auch konventionell erzeugten, unter Letzteren lassen sich sogar Fragmente aus Musikstücken bekannter Komponisten identifizieren) und aus konkreten Geräuschen und Klängen (seien sie bloße objets trouvés oder im Sinne der musique concrète manipuliert). Alle Einzelelemente aufzuführen, welche in dieser Collage zusammengefügt und ineinander verwoben sind, würde eine eigene Abhandlung erfordern, doch bereits einige prägnante, leicht identifizierbare, wenn auch selten eindeutig zu interpretierende Klangereignisse können den Charakter des Stücks verdeutlichen.

An konkreten Klängen lassen sich unter anderem Motorgeräusche, Autohupen, Feuerprasseln, Schüsse und Maschinengewehrsalven sowie ein Wasserstrahl auf den Erdboden vernehmen, Geräusche, die das Gewöhnliche, Alltägliche mit dem Gewalttätigen, Aggressiven kombinieren und zum Geschehen einer Revolution passen.

Die abstrakten Töne in „Revolution 9" sind zum einen elektronisch erzeugte, etwa Rauschen und Verzerrungen, wie sie bei der Suche nach einem Radiosender entstehen, zum anderen menschliche Stimmen, etwa non-verbaler Chorgesang, Sopran- und Tenorstimmen, die aus Opern oder Operetten stammen könnten, sowie Töne, die mit konventionellen Instrumenten erzeugt wurden und isoliert eingefügt sind oder auch Melodiefolgen ergeben, wie zum Beispiel leitmotivisch wiederkehrende, auf einem Klavier gespielte Tonfolgen. Darüber hinaus kann man kurze Ausschnitte aus Werken von Komponisten des 19. und 20. Jahrhunderts vernehmen. Walter Everett entdeckte unter anderem ein Zitat aus Schumanns *Symphonische(n) Etüden*, op. 13, das rückwärts einmontiert und dreimal zu hören ist, einen vierfach zu vernehmenden Abschnitt aus der Motette „O clap your hands" des britischen Komponisten Vaughn Williams sowie fünf Mal an verschiedenen Stellen den Schlussakkord aus Sibelius' Symphonie No. 7[27]. Die situativ und elektronisch verfremdeten Fetzen „schöner" Musik, die aus dem Klang- und Geräuschwirrwarr wie Überbleibsel einer zum Untergang verurteilten Kultur wehen?

Beispiele für nicht gesungene, also konkrete menschliche Laute, die kein sprachliches Signifikat

besitzen, sind etwa das Schnaufen und die Artiku-
lationsbemühungen eines Säuglings, das ordinäre
Lachen von Frauen, Schnarchen, Schmerzens-
schreie, Stöhnen und der aggressive Lärm von
Menschenmassen, die Unverständliches skandieren.
Auch hier entsteht durch das vorgegebene semantische Feld „Revolution" eine spezifische Relevanz,
ohne dass jedoch eine genaue Bestimmung der
Bedeutung erfolgen kann. Man hört in dem Stück
allerdings auch mehr oder weniger zusammen-
hanglose Wörter und Sätze, deren Denotat klar ist.
Eine Menschenmenge schreit „Hold that line!", eine
andere „Block that kick!". Äußerungen einzelner
Personen sind etwa der Schrei „All right!", Wörter
wie „financial imbalance" oder „the watusi" und
Aussagen wie „They are standing still" und „Take
this brother, may it serve you well" von John
Lennon, „You become naked" von Yoko Ono und die
Fragen „Who was to know? Who wants to know?"
von George Harrison, Äußerungen, die durchaus
Assoziationen auslösen und Bedeutungen annehmen können, welche zu einem gewaltsamen Konflikt
passen. Am auffälligsten in Bezug auf die menschlichen Stimmen in „Revolution 9" ist freilich die an
insgesamt neun Stellen des Stücks unterschiedlich
laut vernehmbare, meist mehrfach wiederholte,
emotionslos wie von einem Nachrichtensprecher
artikulierte Ansage: „number nine ... number nine
... number nine ...". Sie stellt einen Bezug zum Titel
her, strukturiert aber auch die Collage, indem sie
die unübersichtliche Fülle an disparaten Elementen

zusammenhält. Was aber bedeutet diese Ansage? Was bedeutet der Titel? Was symbolisiert die Zahl?

Angesichts der fragmentierten Klangwelt mit ihren zahllosen Leerstellen, der steigerungslosen Anordnung der einzelnen Klangereignisse und des offenen, durch Ausblenden herbeigeführten Endes hinterlässt das Stück einen zwar vagen, gewiss aber negativen Eindruck von Auflösung, Chaos, Zerstörung. Deutet man den Titelbegriff politisch, das heißt im Sinne der mehr oder weniger gewaltsamen Beseitigung eines Herrschaftssystems, liegt es nahe, das Stück als kritische Stellungnahme zu den Bestrebungen marxistischer Intellektueller und Studenten in seinem Entstehungsjahr 1968 zu deuten. Im Gegensatz zu Revolutionen, in denen eine Diktatur mit der Unterstützung der Mehrheit der Bevölkerung beseitigt und durch eine um Freiheit, Gerechtigkeit und Wohlergehen für alle Bürger bemühte Regierungsform ersetzt wird, wie es im Großen und Ganzen etwa in der kubanischen Revolution von 1959 und später fast völlig gewaltlos in der ostdeutschen von 1989 der Fall gewesen ist, was auch immer aus diesen Umwälzungen im Laufe der folgenden Jahre geworden sein mag, stellen sich beim Hören von „Revolution 9" eher Bilder von gewaltsamen Umsturzversuchen ein, die weniger als Notwehr eines unterdrückten Volkes anzusehen sind, sondern mit großer Brutalität gegen einzelne Gruppen oder gar die Mehrheit einer Gesellschaft durchgeführt wurden und am Ende auch kaum etwas Gutes bewirkt haben. Die Zahl neun in der Klangcollage könnte dementsprechend symbolisieren, dass es sich nur um eine weitere von vielen derartigen Revolutionen handelt, die Gewalt, Terror und neue Unterdrückung bringen, wie etwa die chinesische Kulturrevolution von 1968, auf die John Lennon in einem nur „Revolution"[28] titulierten, bereits einige Wochen vor dem Erscheinen des *White Album* als Single veröffentlichten Song anspielt.

In diesem Lied wird die revolutionskritische Haltung des Autors durch hasserfüllte oder auch verzweifelte Schreie, einen rauen Gesang und einen extrem verzerrten Gitarrensound verklanglicht[29], durch die das Revolutionsgeschehen als gewalttätig, brutal, unmenschlich erscheint. Darüber hinaus lässt der Text keinen Zweifel an Lennons Einstellung. Nachdem das lyrische Ich in Strophe 1 gegenüber den Befürwortern einer Revolution zunächst beschwichtigend erklärt hat, dass es die Welt selbst ja auch zum Besseren verändern wolle, widerspricht es ihnen kompromisslos und unmissverständlich, wenn Gewalt intendiert ist:

> But if you talk about destruction,
> Don't you know that you can count me out?

In Strophe 2 gibt das lyrische Ich auf die Bitte der Revolutionäre um finanzielle Unterstützung die negative Antwort:

... if you want money for people with minds that hate,
All I can tell you is brother you have to wait.

In Strophe 3 lautet die entrüstete Entgegnung auf
die Forderung, die Verfassung und Institutionen zu
verändern:

... if you go carrying pictures with chairman Mao,
You ain't going to make it with anyone anyhow.

Freilich geht die oben vorgeschlagene und durch die
Hinzuziehung eines weiteren Textes erfolgende Deutung des Stücks „Revolution 9" davon aus, dass
Musik wie andere Künste mimetisch sein, also die
Wirklichkeit nachahmen könne, sie vielleicht sogar
in irgendeiner Weise abbilden solle. Betrachten wir
die Collage jedoch im Kontext der Popmusik-
geschichte, speziell der Entwicklung der Beatles,
ohne auf eine wie immer zu deutende außermusi-
kalische Wirklichkeit Bezug zu nehmen, könnte der
Titel auch nur als Hinweis auf die radikale Überwindung sowohl der tonal-traditionellen als auch
der atonal-modernen (einschließlich der seriellen)
Musik betrachtet werden. Es handelt sich dann
einfach um eine Revolution in der Kunst der Beatles, aber auch der Popmusik, bei der politische
Implikationen zumindest nicht im Vordergrund
stehen. Für John Lennon, der inspiriert und unter-
stützt von seiner Partnerin Yoko Ono das Stück im
Wesentlichen komponiert hat, könnte es überdies
ein Versuch gewesen sein, das kommerzielle Image,

das den Beatles zu seinem Missfallen bis dahin immer noch anhaftete, zu zertrümmern.

Ist Letzteres seine eigentliche Intention gewesen, war John Lennon zweifellos erfolgreich, denn die meisten Fans und Kritiker der Beatles konnten mit „Revolution 9" nichts anfangen. Es gilt als eines ihrer unbeliebtesten Stücke[30]. Dass die Gruppe diese, die Grenze zur zeitgenössischen elektronischen Musik überquerende Collage als vorletztes Stück auf ihrem *White Album* platzierte und die Doppel-LP schließlich mit dem hollywoodartigen, überkitschigen „Good Night" beendete, also gleichsam von ihrem Ausflug in das Terrain der Avantgarde zur banalsten Form der Popmusik zurückkehrt, wirkt auf jeden Fall programmatisch. Wie Bob Dylan zwei Jahre später mit seinem *Self-Portrait* überschreiten die Beatles, die als Gruppe für die Anordnung der einzelnen Lieder auf ihren Platten verantwortlich zeichnen, also bereits 1968 die Trennlinie zwischen „high" und „low", zwischen E- und U-Musik wieder demonstrativ nach unten, wenn sie befürchten, zu anspruchsvoll geworden zu sein. Nur John Lennon betätigte sich mit Yoko Ono weiterhin im Bereich experimenteller, wenn man so will, avantgardistischer Musik, indem er Platten herausbrachte, die überwiegend aus Geräuschen und Schreien bestehen, womit er jedoch weder Musikkritiker überzeugen noch viele Hörer beeindrucken konnte.

LETZTE GEMEINSAME POP-KUNST-LIEDER

Als Gruppe schufen die Beatles hingegen in der verbleibenden Zeit ihrer Zusammenarbeit noch weitere PopSongKunstWerke. Die meisten von ihnen sind auf der im September 1969 veröffentlichten LP *Abbey Road*[31] zu finden, was anhand zweier herausragender Beispiele illustriert werden soll. Der erste, „Come together" titulierte Song dieser Platte ist, was den sperrigen Text betrifft, eine Herausforderung an den Hörer. Die ungrammatisch formulierten und gegen den Satzbau gesungenen Verse bestehen vor allem aus hermetischen, ohne biografisches Hintergrundwissen oft ratlos lassenden Symbolen, mit denen ein Er-Erzähler einen Mann als Außenseiter, Narr und Guru charakterisiert. Diese Person versteht sich selbst als Heilsbringer, denn er – so der Refrain aus dessen eigener Perspektive – ruft die Leute dazu auf, sich um ihn zu scharen, damit sie frei werden.

> One thing I can tell you is you got to be free.
> Come together right now over me."

Der unvermittelte Beginn des Lieds schafft sofort eine, das gesamte Stück prägende geheimnisvolle bis unheimliche Atmosphäre. Man vernimmt das Phonem /ʃ/(„Sh"), das zunächst nur als musikalischer Klangeffekt zu dienen scheint, darüber hinaus aber auch den Anfang eines Wortes bilden könnte, dessen volle Lautgestalt und eventuelle

Fortsetzung übertönt wird durch den zeitgleich
einsetzenden Bassgitarrenriff, der auf der Basis von
D-Dur von einem tiefen D über die Quinte A in ein
blues-dunkles F (die erhöhte None „e-is"), das sich
mit dem Fis des Grundakkords reibt, hinaufspringt,
bevor er eine Oktave über dem Ausgangston zur
Ruhe kommt, sowie ein durch starken Hall- und
Echoeffekt erweitertes, den Appellcharakter des
Stücks symbolisierendes Klatschen, dem unmittel-
bar ein komplexer, absteigender Trommelrhythmus
folgt. Man wird Mark Hertsgaard zustimmen können, wenn er schreibt, es gebe so viel „Kreativität …
in den ersten drei Sekunden von „Come together",
wie man auf ganzen Alben vieler anderer Musiker
findet."[32] Vor allem aber ist es die bei den Beatles so
oft überzeugend verwirklichte Fusion von Text und
Musik zu einer perfekten Einheit von Inhalt und
Klang, welche „Come together" zu einem Beispiel
außergewöhnlicher literarisch-musikalischer Popkunst macht. Das Skurrile und Dubiose der,
anscheinend politische wie (pseudo-)religiöse Ab-
sichten verfolgenden Führerfigur und das, trotz der
gedämpften, weichen Orchestrierung und der
verführerisch-einladenden Gitarrenglissandi, Düstere, Ominöse der gesamten Atmosphäre des Songs
wird noch einmal gesteigert, wenn man sich das seit
den späten 80er Jahren bekannte kompositions-
geschichtliche Detail bewusst macht, das Mark
Lewisohn mit seiner Analyse und Erläuterung der
verschiedenen Aufnahmeversionen der Lieder der
Beatles publik gemacht hat: John Lennon singt am

Beginn jeder Strophe von „Come together" in Wirklichkeit „Shoot me", wobei die Vokale und Konsonanten in der veröffentlichten Collage, die auf den deutlich vernehmbaren ʃ-Laut folgen, wie erwähnt, von der Bassgitarre, dem Händeklatschen und den Perkussionsinstrumenten verunklart bis gänzlich verschluckt werden.[33] Angesichts der Tatsache, dass der Autor und Sänger des Liedes elf Jahre später tatsächlich erschossen wurde, ist dies mehr als unheimlich, selbst wenn man wie Walter Everett annimmt, dass Lennon, der in den späten 60er Jahren Drogen konsumierte, bei der Aufforderung an das Setzen einer Heroinspritze gedacht haben mag.[34]

Im Gegensatz zum ersten, mit Chiffren überladenen Song der LP endet die Seite eins von *Abbey Road* minimalistisch mit dem ebenfalls von John Lennon verfassten „I want you (She's so heavy)". Während George Harrison mit „Here comes the sun", dem Beginn der Seite zwei, kompositorische Repetitionsmuster nutzt, um das Kommen des Frühlings zu feiern, oder mit dem nur wenig später verfassten – wenn auch erst nach Auflösung der Beatles veröffentlichten – „My sweet Lord" ein eindringliches, litaneiartiges Bittgebet zu artikulieren, zieht Lennon es vor, sich mit – anscheinend seinen eigenen – Obsessionen auseinanderzusetzen. Der Banalität des im Wesentlichen aus den drei ersten im Titel genannten Wörtern bestehenden Textes steht eine durchaus komplexe Gesamtstruktur

gegenüber. Der Song beginnt mit einer instrumentalen Einleitung (Ei), in der die Lead-Gitarre in
einem schwerfälligen, schleppenden 12/8-Takt ein
Thema etabliert, das sich von d-moll nach A-Dur
bewegt und leitmotivisch auf die später angesprochene Person vorausdeutet. Nach etwa zwölf
Sekunden folgen vier Strophen (S1-S4 von Minute
0.13 bis 1.41), in denen der Sänger, sich ständig
wiederholend, mit zunehmender Ungeduld sein
leidenschaftliches Begehren artikuliert. Verbal bestehen sie jeweils aus den vier Versen „I want you/I
want you so bad/I want you/I want you so bad
(babe)" sowie dem refrainartigen Schlussvers: „It's
driving me mad, it's driving me mad." (R1). Nach der
vierten Strophe (ab Minute 1.56) erfolgt die mehr-
deutige Aussage: „She's so heavy, heavy, heavy."[35]
(R2) Ein instrumentales Zwischenspiel (Zi) verfärbt
die den Strophen zugrundeliegende Melodie und
endet mit dem Beginn des zweiten Refrains. Statt
des Wortes „heavy" ertönt nun jedoch das aus der
Einleitung bekannte Motiv im 12/8-Takt. S5 und S6
sind identisch mit den ersten vier Strophen,
erstrecken sich von Minute 3.46-4.29 und enden
ebenfalls mit R1, wobei nach S6 zusätzlich ein
verzweifelter „Yeah"-Schrei zu hören ist (4.32) sowie
noch einmal der Beginn von R2 („She's so –"). Das
Adjektiv fehlt auch hier und wird durch das
bekannte Leitmotiv ersetzt, das nun als instrumentale Coda (Ci) ununterbrochen wiederholt wird,
wobei etwa bei Minute 5.10 ein durch einen Moog-
Synthesizer erzeugtes weißes Rauschen einsetzt,

das an Lautstärke zunimmt, bis das gesamte musikalische Geschehen bei Minute 7.44 abrupt abbricht.

Das Reduktions- und Repetitionsverfahren, das die Beatles in diesem Song einsetzen, wirkt in dem thematisch vorgegebenen Kontext als geeignetes Gestaltungsmittel, um die unkontrollierte, ich-bezogene Begierde einer Persona zur Darstellung zu bringen, ähnlich wie in der visuellen Popkunst Roy Lichtenstein in seinen riesigen, banal wirkenden Comic-Bildern starke Emotionen durch die extreme Dimension bis zur Lächerlichkeit verfremdet oder Andy Warhol mit seiner Wiederholung und farblichen Variation eines Marilyn-Monroe-Portraits die enthumanisierende Vermarktung der Schauspielerin durch die Kulturindustrie vor Augen führt. Durch die ständige Wiederholung der Artikulation eines lediglich auf den Trieb reduzierten Wollens – von Liebe ist in Lennons Song nirgends die Rede – wird beim Hörer eine kritische Distanz zu der dargestellten Persona erzeugt. Auch das Mittel, das ganze Geschehen abrupt zu beenden, steht im Dienst dieser Intention, denn es legt die Deutung nahe, dass unbeherrschtes Begehren keine Erfüllung finden kann, sondern, wie es das lyrische Ich ja selbst befürchtet, in den Irrsinn führt, der durch das alle Differenzierung, Verfeinerung und Personalität eliminierende weiße Rauschen symbolisiert ist. Die größte Bedeutung des Songs liegt freilich jenseits aller Klangsymbolik darin, dass die Beatles mit ihm bereits in den 60er Jahren einen beachtlichen Beitrag zu der damals noch in den Anfängen steckenden, sich in den folgenden Dekaden jedoch zu einem anerkannten und weit verbreiteten Stil entwickelnden *minimal music* leisten.

Nach *Abbey Road* veröffentlichten die Beatles im Mai 1970, kurz nach der Auflösung der Gruppe, unter dem programmatischen LP-Titel *Let it Be*[36] noch eine Reihe von Liedern aus unterschiedlichen Phasen ihrer Entwicklung, die aber erst 1969 und 1970 eingespielt bzw. orchestriert wurden. Bemerkenswert ist auf dieser Platte vor allem „Across the universe"[37], ein Lied, dessen Textgrundlage das vielleicht schönste Gedicht bildet, das Lennon je verfasst hat. In drei Strophen artikuliert der Autor in eindrucksvollen Vergleichen und Metaphern die naturmystische Erfahrung einer grenzenlosen, unvergänglichen Liebe.

Limitless undying love which shines around me like a million suns, it calls me on and on across the universe

In reimlosen trochäischen Versen strebt der Rhythmus in Achtel- und Sechzehntelnoten unaufhaltsam vorwärts, bis er im Hindi-Refrain „Jai Guru Deva" (Gepriesen sei Guru Deva) verlangsamt wird und mit der sich über einen vollen Takt erstreckenden heiligen Silbe „Om" zur Ruhe kommt, bevor die jeweilige Strophe mit der doppelt gesungenen Feststellung „Nothing's going to change my world" (nichts wird meine Welt verändern) ausklingt. Dass Lennon diese „grenzenlose unsterbliche Liebe" in einem unpersönlichen Kosmos zu finden meint, während George Harrison gleichzeitig in dem bereits erwähnten „My sweet Lord" einen persönlichen Gott verehrt, mit dem man in Dialog treten kann, zeigt, wie unterschiedlich die Beatles sich weltanschaulich seit ihren naiven Anfängen entwickelt haben.

Paul McCartney verabschiedet sich auf dem letzten Album der Beatles ebenfalls mit einem Hinweis auf eine transzendente Wirklichkeit. In seinem Song „Let it be"[38], dessen programmatischer Titel auch für die Abschieds-LP als Ganze gewählt wurde, preist er „Mother Mary", die ihm in Zeiten der Not erscheine und ihm und den Menschen mit gebrochenem Herzen den weisen Rat gebe, loszulassen und Trennungen zu akzeptieren. Nicht nur der Text, auch die Orchestrierung verweist ins Hymnisch-Religiöse, vor allem durch die gewaltigen Klavierakkorde und den orgelartig verfremdeten Sound der Sologitarre, die eine fast sakrale Atmosphäre erzeugen. Es war dann auch Paul McCartney, der am 10. April 1970 die Trennung der Beatles öffentlich bekanntgab.

RESÜMEE

Die zu Beginn gestellte Frage, ob die Beatles bloß Unterhaltungskünstler sind, dürfte unser Diskurs längst beantwortet haben. Das Ensemble begann nach autodidaktischen Lehrjahren seine Karriere in der Musikindustrie, deren Vorgaben es zunächst zu erfüllen schien, aber auch zunehmend sprengte. Von LP zu LP emanzipierten sich die Gruppenmitglieder von den Zwängen der Massenkultur und entwickelten ihre eigenen poetischen und musikalischen Talente unabhängig vom oder sogar gegen das Profitmotiv, wobei sie in ihren Texten den sprachlichen Signifikanten und in ihren Kompositionen der Klangfarbe ein besonderes Gewicht verliehen und diese Elemente, bei gleichzeitiger Beibehaltung vieler traditioneller musikalischer und literarischer Konventionen, zu ihren originellsten Gestaltungsmitteln machten, durch die sie mit ihren Werken neue ästhetische Maßstäbe setzten. Im gesamtkulturellen Kontext des 20. Jahrhunderts hält die Gruppe die Balance zwischen U- und E-Musik, zwischen hoher und niederer Kunst, zwischen Tradition und Avantgarde, zwischen Massenkultur und Moderne, aber auch zwischen Musik und Poesie, zwischen Individualismus und Kooperation. Es wäre unangebracht, sie an den überholten ästhetischen Maßstäben der Tradition zu messen, es wäre unangemessen, sie an den elitären Forderungen der Moderne zu messen, es wäre unpassend, sie an den avantgardistischen Experimenten der elektronischen Musik zu messen – der Maßstab für sie ist die Popkunst im Sinne der Synthese niederer und hoher Musik und Dichtung von vorgestern und gestern mit den klanglichen

Gestaltungsmöglichkeiten von heute. Und das gelang ihnen meist auf so überzeugende, ja oft geniale Weise, dass sie darin alle zeitgenössischen Künstler überragen und zu Recht als Maßstab der Pop-Ästhetik und als die größten Songkünstler dieses wahrlich postmodernen Stils gelten können.

DICHTER UND MUSIKER, MYSTIKER UND PROPHET

Bemerkungen zur Verleihung des
Nobelpreises für Literatur an Bob Dylan

Mit der Nachricht, dass Bob Dylan den Nobelpreis für Literatur erhält, überraschte das Stockholmer Komitee am 13. Oktober 2016 nicht nur die literarisch interessierte Welt. Als Begründung für die Auszeichnung nannte die Jury Dylans „neue poetische Ausdrucksformen innerhalb der großen amerikanischen Song-Tradition."[1] 50 Jahre nach den ersten Kontroversen über die Qualität seiner *lyrics* und 20 Jahre, nachdem er zum ersten Mal als Kandidat für die höchste literarische Auszeichnung nominiert worden war, hatte der kreativste und einflussreichste Songwriter der Gegenwart schließlich die ihm gebührende Anerkennung erhalten. Und das Nobelpreiskomitee hatte endlich den ihren Wertentscheidungen zugrundeliegenden etymologischen Literaturbegriff, also die Auffassung, dass nur schriftlich verfasste und verbreitete Werke für einen Preis in Frage kommen – das Wort Literatur lässt sich bekanntlich auf lateinisch *littera*, Buchstabe, zurückführen – zugunsten eines ontologischen Literaturbegriffs erweitert, der herausragende Leistungen in der künstlerischen Gestaltung der Sprache überhaupt für eine Auszeichnung in Betracht zieht, einen Begriff, für den die amerikanischen Literaturwissenschaftler René Wellek und Austin Warren in ihrer *Theory of Literature* aus Ermangelung eines adäquaten englischen den deutschen „Wortkunst" und den russischen „slovesnost" vorgeschlagen hatten[2], die sich allerdings nicht durchsetzen konnten. Das Komitee öffnete sich also für einen Literaturbegriff, der auch sprachliche Kunstwerke einschließt, die nicht zum Lesen, sondern zum Hören bestimmt sind, bei denen also eine eventuell erfolgte schriftliche Fixierung des Textes etwas Sekundäres, nicht zur Substanz des Werks Gehörendes zu betrachten ist. Traditionell ist dies die mündliche Dichtung („oral poetry"), die in der Antike und im Mittelalter die häufigste Verbreitungsform von Lyrik und Epik darstellte, seit dem 20. Jahrhundert aber auch das, was man nach Marshal McLuhan als „elektronische Dichtung" (*„electronic poetry"*) bezeichnen könnte.

Zur Letzteren ist auch der größte Teil der Sprachkunstwerke Bob Dylans zu rechnen, denn von seinen frühen Folk-Songs abgesehen, die tatsächlich gesungene und mit Akustikgitarre begleitete „oral poetry" sind, die vom Vortrag lebt und deren abgedruckte Verse nur als Hilfsmittel dienen, nicht aber als eigenständige Gedichte überzeugen können, hat Dylan – wahrscheinlich von den Beatles beeinflusst – seit Mitte der 60er Jahre eine elektronische Songkunst geschaffen, das heißt Werke, deren auch poetische Ausdruckskraft wesentlich mit ihrer elektronisch-musikalischen Gestaltung zusammenhängt.

Filmaufnahmen aus den frühen 60er Jahren, wie sie u.a. in Martin Scorsese's Film *No Direction Home*[3] zu sehen sind, vermögen den Unterschied der beiden Genres zu verdeutlichen: Sie zeigen, wie der junge, in Minnesota geborene und aufgewachsene

Bob Dylan nach seiner Ankunft in New York Lieder wie „Blowin' in the wind", „A hard rain's a-gonna fall" oder „With God on our side" vorsingt, begleitet nur von der Akustikgitarre und erweitert durch Zwischenspiele auf der Mundharmonika. Was hier dokumentiert wird, ist gesungene *oral poetry*, bei der oft nicht einmal Mikrofon und Lautsprecher zum Einsatz kommen. Bei der Schallplattenfassung der genannten Songs, die von dem gefilmten Vortrag kaum abweicht, spielt hingegen bereits das elektronische Tonstudio eine Rolle. Insofern als dieses hier allerdings nur als Aufnahme-, Konservierungs- und Vermarktungsmedium dient, wird man noch nicht von elektronischer Songkunst im eigentlichen Sinn sprechen können. Dasselbe gilt für die meisten Songs, die Bob Dylan bis 1965 auf Schallplatte aufgenommen hat, wohingegen er beim Vortrag in Konzerten bereits die von Anfang an entwickelten, durch Lautsprecher und Verstärker aber noch erweiterten Möglichkeiten nutzt, mit seinem Gesang Verfremdungseffekte zu erzeugen. Diese Technik, bei der Dylans Stimme eine doppelte, ambivalente Funktion zukommt, beschreibt Aidan Day in seiner Abhandlung *Jokerman. Reading the Lyrics of Bob Dylan* folgendermaßen:

> „Typically, the voice engages the line of the melody, but its simultaneously jarring, atonal separation from the music together with the relentless subordination of musical elements to the exigencies of verbal order, opens a space

which registers a distance and an unease involving both singer and listener."[4]

Musikwissenschaftlich könnte man noch hinzufügen, Dylan verbindet volkstümliches, massentaugliches Singen seiner eher einfachen, dur-moll-tonalen Melodien mit einer unkonventionellen, subtil gestalteten Intonation (ähnlich der „dirty intonation" im Blues und Jazz), bei der die sehr große klangfarbliche Variationsbreite seiner Stimme eine wesentliche Rolle spielt, und mit einer Artikulation, die Wörter hervorhebt, verfärbt, verunklart, zerhackt oder in einem elektrischen Klangvortex untergehen lässt, sowie einer eigenwilligen Phrasierung, welche nicht selten die reguläre Syntax auflöst. Er vereinigt dadurch Vertrautes, Normatives Klischeehaftes mit Ungewohntem, Regelwidrigem, Originellem, realisiert also etwas, was dem nahe kommt, was Bertolt Brecht 40 Jahre zuvor als Verfremdungseffekt definiert hat, wobei allerdings die Intention, mit der Dylan dieses Verfahren einsetzt, mit der des deutschen Dichters nicht identisch sein muss.

Beim Newport-Festival 1965 fusioniert Dylan zum Entsetzen vieler Fans seine Folk-Songs mit der Rockmusik, indem er mit einer Band auftritt und nicht nur seinen Gesang, sondern auch alle Instrumente von den Gitarren bis zur Orgel und zum Schlagzeug elektrifiziert und mit seinen *lyrics* zu einer poetisch-elektronischen Klangeinheit fusioniert. An seinem in dieser Phase kommerziell erfolg-

reichsten Song „Like a rolling stone"[5] lässt sich
deutlich vernehmen, wie die elektrisch gesteigerte
Lautstärke die feinen Nuancen der krächzenden,
spöttischen Intonation, mit der Dylan die Schaden-
freude des lyrischen Ichs über den sozialen Absturz
einer zuvor erfolgreichen, aber offenbar arroganten
jungen Frau darstellt, noch triumphalistischer und
unbarmherziger erscheinen lässt, als es ohne diese
Dimension der Fall wäre, wobei der gnadenlos harte
Rock-Sound und das Jaulen und Wimmern der
Orgel ein Übriges zu dieser Wirkung beiträgt.

Bei nahezu allen Liedern der Folk-Rock-Phase
Dylans fallen außerdem die originelle Metaphorik
und vielschichtige Symbolik auf, die weit über die in
der Folk- und erst recht der Popmusik bis dahin
übliche Bildhaftigkeit hinaus gehen und den Einfluss der „hohen" Dichtung der Moderne, vor allem
den der französischen Surrealisten, die der Songwriter seinerzeit rezipierte, aber wohl auch den der
Montagetechnik Ezra Pounds erkennen lassen.
Noch nie hatte ein Folk- oder Popmusiker einen
derartig mitreißenden Gedankenstrom aus unge-
wohnten Vergleichen und kühnen Metaphern
erzeugt, wie man ihn auf den LPs *Subterranean
Homesick Blues*[6], *Highway 61 Revisited*[7] und *Blonde
on Blonde*[8] zu hören bekommt. Dabei verkündet der
Sänger nun keine politischen Botschaften mehr,
stattdessen wird ein imaginatives, karnevaleskes
Spiel aufgeführt, in dem schräge Typen, historische
Figuren, scheinbar vollkommene, aber auch schwer

enttäuschende oder tief enttäuschte Lover in surrealistisch wirkenden Mini-Erzählungen oder auch
nur Erzählfragmenten auftreten, sich in skurrilen
Dialogen über ihr Leben austauschen oder durch
innere Monologe einen Einblick in ihre Befind-
lichkeiten geben.

Dabei wird oft auch mit den zunächst bei den
Hörern aufgebauten Erwartungshorizonten gespielt,
wie die folgenden Beispiele von scheinbar perfekten
Liebesbeziehungen zeigen. In „Love minus zero/No
limit"[9] stellt das lyrische Ich seine Geliebte vor,
preist ihre Sanftmut („My love, she speaks like
silence/Without ideals or violence"), ihre Treue
(„she's true like ice, like fire"), Unbestechlichkeit
(„Valentines can't buy her") und Weisheit („She
knows too much to argue or to judge"), bevor es
seinen Lobgesang völlig unerwartet mit dem düs-
teren, ominösen Vergleich beendet: "My love, she's
like some raven/At my window with a broken wing".
In „She belongs to me"[10] wird der Titel im Verlauf
des *lyric* in sein Gegenteil verkehrt, da das lyrische
Ich mehr und mehr seine Abhängigkeit von der
Person eingesteht, von der zunächst programmatisch behauptet worden ist, dass sie zu ihm gehört.
„You will start out standing/Proud to steal her
anything she sees" beginnt etwa die zweite Strophe,
und sie endet: „But you will wind up peeking
through her keyhole/Down upon your knees." In
der vorletzten Strophe wird ihre magische Methode,
Andere zu unterwerfen, angedeutet: „She wears an

Egyptian ring/That sparkles before she speaks",
was beim Sänger zu der Erkenntnis führt: „She's a
hypnotist collector,/You are a walking antique".

Die Vielschichtigkeit dieser und ähnlicher Songs
zeigt sich nicht zuletzt daran, dass man sich am
Ende fragt, ob sie überhaupt von einer zwischen-
menschlichen Beziehung handeln oder ob es hier
nicht eher um innerseelische Konflikte geht: das
Idealbild der Liebe einer perfekten Frau, das an der
Realität zerbricht; die eigene Phantasie, die man zu
kontrollieren scheint, die einen aber letztlich selbst
beherrscht?

Festzuhalten ist, dass für das im 20. Jahrhundert
neu geschaffene Genre der *electronic poetry*, an
deren Entstehung Bob Dylan den entscheidenden
Anteil hat, wie auch bereits für die *oral poetry* gilt:
Der Text vermag nicht alleine zu stehen, ohne an
Bedeutung zu verlieren. Hinzu kommt jetzt aber,
dass er ebenso wenig als bloß mündlicher (Ge-
sangs-)Vortrag ohne Substanzverlust überleben
könnte. Wesentlich für den elektrischen Dylan ist
die Verschmelzung von Wort, Musik, elektronischer
Gestaltung und Performanz auf der Bühne oder im
Studio zu einer unauflöslichen Einheit.

*

Doch greift die Bewertung Dylans als bloß
kreativen, neue Ausdrucksformen erschließenden

einflussreichen Dichter und Musiker zu kurz. Wie
nahezu alle weltliterarisch bedeutenden Autoren
von Homer über Dante und Shakespeare bis Goethe
und T.S. Eliot besitzt Bob Dylans Dichtung eine
religiöse Tiefendimension. Daran haben sich viele
Zeitgenossen gestoßen, welche dem „aufkläreri-
schen" Glauben anhängen, dass in unserem „nach-
metaphysischen" Zeitalter Religion durch die
naturwissenschaftliche Erklärung der Welt ersctzt
wird. Bob Dylans Kunst aber widerspricht einer
solchen Auffassung von Anfang an und ihre Entwicklung kann eigentlich nur als zunehmende
Ausweitung und Vertiefung der religiösen Weltdeu-
tung des Autors gesehen werden.

Robert Allen Zimmermann (*1941 in Duluth, Minnesota), der sich als junger Künstler das Pseudonym
Bob Dillon zulegte, das er bald in Bob Dylan änderte
und 1962 legalisierte, wuchs in der durch ihren
Eisenerz-Tagebau bekannten Kleinstadt Hibbing in
Minnesota auf, in einer jüdischen Familie, in der
religiöse Traditionen geachtet und praktiziert wurden. Während er lange Zeit seinen Nachnamen,
seine Herkunft und Religion erfolgreich verschleier-
te, wurden die biblischen Bezüge in seinen Songtexten schon früh bemerkt. Am detailliertesten hat
Seth Rogovoy in einer 2009 veröffentlichten Abhandlung[11] herausgearbeitet, wie stark Dylan und
seine Kunst von Anfang an vom Judentum geprägt
ist. Dies manifestiert sich nicht nur in den explizit
religiösen Texten des Songdichters wie „Father of

Night" auf *New Morning*[12] – Rogovoy zufolge eine
jüdische Morgenliturgie mit zahlreichen Anspielun-
gen auf Psalmen –, sondern auch in den bekann-
teren Songs von „Blowin' in the wind" über „A hard
rain's gonna fall" und „The times they are a'chang-
ing" bis zu „All along the watchtower", in denen
Anklänge an und Zitate aus der Thora, den Psalmen
und den Propheten, vor allem Jesaja und Ezechiel,
zu hören sind.

Umso erstaunlicher aber ist, dass der Jude Dylan
auch schon früh christliche Motive und Symbole
aufgreift. In dem 1963 auf *The Freewheelin' Bob
Dylan*[13] veröffentlichten „With God on our side"
kritisiert der Autor den Missbrauch der Religion in
der Geschichte seines Landes, das selbst offensichtliche Verbrechen, wie die Enteignung und Ermor-
dung der indianischen Ureinwohner, stets damit
rechtfertigte, dass Gott auf seiner Seite war. In der
vorletzten Strophe verweist das lyrische Ich plötzlich
auf den Bericht der Evangelien, dass Jesus Christus
durch einen Kuss verraten wurde, und spricht die
Hörer direkt an:

> „But I can't think for you
> You'll have to decide
> Whether Judas Iscariot
> Had God on his side."

Die Deutung liegt nahe, dass es für Dylan die
vermeintlich christliche USA ist, welche durch den
Missbrauch des Namens Gottes zur Rechtfertigung

ihrer Untaten die Rolle des Judas einnimmt und damit Jesus Christus verrät. Ein noch deutlicheres Beispiel für Dylans Beschäftigung mit dem Christentum ist das 1967 verfasste Lied „Sign on the cross"[14], in dem das lyrische Ich bekennt, dass es Unruhe befällt, wenn es „das Zeichen am Kreuz" sieht, also entweder die Inschrift INRI (Iesus Nazarenus Rex Iudaeorum) oder ein Bild des Gekreuzigten. Und in einem Song der LP *Street Legal*[15] vom Juni 1978 wird ein geheimnisvoller „Señor" angeredet, mit dem das lyrische Ich unterwegs ist. Auch wenn ihm noch nicht klar ist, wohin die Reise geht („Señor, Señor, do you know where we're headin'?") und an wen es sich wenden soll („Can you tell me who to contact here, Señor?"), so wird doch deutlich, dass es diesem Herrn zu folgen bereit ist. In der letzten Strophe erahnt man dessen Identität, denn das lyrische Ich bittet ihn, gemeinsam „diese Tische" umzustoßen („Señor, Señor, let's ... / Overturn these tables"), was man unschwer als Anspielung auf die Szene der Tempelreinigung erkennen kann, bei der Jesus die Tische der Händler umwirft und die Geschäftemacher aus dem Haus Gottes vertreibt (Joh. 2,13ff.). Neben den drei genannten ließen sich zahlreiche weitere Beispiele finden, die zeigen, dass sich Dylans Ringen um Gotteserkenntnis, soweit es sich in seinen Songs niederschlägt, bereits vor dem November 1978 in einer zunehmenden Annäherung an das Christentum manifestiert.

In diesem Monat muss sich jedoch etwas ganz Außergewöhnliches im Leben des ruhelosen Gottsuchers ereignet haben. Er trägt plötzlich ein keinesfalls kleines Metallkreuz um den Hals[16] und beginnt, frühere Songs durch Hinweise auf das Neue Testament zu verändern, um schließlich sogar Lieder zu singen, in denen er seinen Glauben an Jesus als den Messias bekennt. Später erklärt er, dass eine persönliche Christusbegegnung sein Leben in dieser Zeit tiefgreifend verändert hat:

> „Jesus put his hand on me. It was a physical thing. I felt it. I felt it all over me. I felt my whole body tremble. The glory of the Lord knocked me down and picked me up."[17]

Bei einer anderen Gelegenheit äußert er mit Nachdruck:

> „Jesus did appear to me as King of Kings, and Lord of Lords ... And I believe every knee shall bow one day ... He did die on the cross for all mankind ..."[18]

Durch die mystische Erfahrung erschüttert, wandte sich Dylan an christliche Musiker und Freunde, durch die er schließlich Pastoren der protestantischen Vineyard School of Discipleship in California kennenlernte. Im Frühjahr 1979 entschloss er sich, an einem dreimonatigen Bibelkurs dieser evangelikalen Glaubensgemeinschaft teilzunehmen, in der das Wort Jesu besonders betont wird, dass der

Mensch von neuem geboren werden muss, um das Reich Gottes zu sehen (Joh 3,3) – und ließ sich taufen.

Hätte er als Künstler über seine Konversion geschwiegen, man hätte sie ihm wahrscheinlich als Privatangelegenheit durchgehen lassen. Der sich aufgeklärt dünkende Zeitgenosse gibt sich ja in der Regel tolerant, solange er in seiner postmodernen (almost) Anything-goes-Weltanschauung nicht gestört wird. Dylan aber, der seine Erfahrungen und Entwicklungen in allen Phasen zu Dichtung und Musik verarbeitet und sich selten um die Erfüllung der Erwartungen seiner Fans oder Kritiker gekümmert hat, schwieg auch dieses Mal nicht. Zu tief war das Erlebnis, zu radikal der Wandel, zu wirklich sein neues Leben. So artikulierte er seinen christlichen Glauben auf der nächsten LP *Slow Train Coming* (August 1979) auf eine unmissverständliche und dennoch poetisch wie musikalisch bestechende Weise. In der im Juni 1980 veröffentlichten LP *Saved* treten ästhetische Aspekte hingegen zurück zugunsten der überschwänglichen Freude über die „Saving grace" (rettende Gnade) und das neue Leben, die ihm zuteil geworden sind. Mit *Shot of Love*[19] (August 1981) gewährt er dem geneigten Hörer noch einmal in zwei tief empfundenen und ergreifend vorgetragenen Liedern Einblicke in die seelischen Erfahrungen, Stimmungen und Konflikte bei seiner Bekehrung. In dem Song „In the summertime" blickt das lyrische Ich auf die lebensverändernde Begegnung zurück und stellt, offenbar in Bezug auf seine poetischen und musikalischen Talente, fest: „I'm still carrying the gift you gave,/It's a part of me now, it's been cherished and saved". In dem Lied „Grain of sand" thematisiert es die Zeit seiner „confession" (Beichte), die Stunde seiner „greatest need" (größten Bedürftigkeit), und spricht bei einem Anflug von Verzweiflung wegen seiner Sünden vom Trost, das Wirken Gottes zu sehen „In every leaf that trembles, in every grain of sand", ein Bild, das an die ersten Verse der Sammlung „Auguries of Innocence" des englischen Lyrikers der Romantik William Blake erinnert, die da lauten:

> „To see a World in a Grain of Sand
> And Heaven in a Wild Flower,
> Hold Infinity in the palm of your hand
> And Eternity in an hour."[20]

In anderen Songs, wie „Dead man, dead man", „Property of Jesus" oder „Watered-down love" grenzt sich Dylan, die Ablehnung in den Medien, aber auch durch Verwandte, Bekannte und Freunde verwindend, noch einmal in sehr kritischem, kompromisslosem Ton ab von einem falschen Bewusstsein, einem hochmütigen, selbstsüchtigen, unreinen Leben und Denken.

Aber nicht nur durch die poetischen Personae seiner Songkunst, deren Aussagen mit den realen, biografischen Überzeugungen des Verfassers nicht deckungsgleich sein müssen, sondern auch außerliterarisch legte Dylan Zeugnis ab von seinem neu gewonnenen, genauer gesagt durch das Neue Testament ergänzten und vertieften Glauben. Vor allem durch Ansprachen in seinen Konzerten und bei Interviews machte er klar, was und an wen er nun glaubte. Für die meisten westlichen Meinungsmacher und viele der durch jahrelangen Konsum der Mainstream-Medien in einem anti-religiösen Bewusstsein gefangenen Fans des Künstlers wurde das Bekenntnis ihres Hoffnungsträgers zu Jesus Christus als dem Sohn Gottes und Erlöser der Welt als Provokation empfunden und löste Unverständnis, Ablehnung und sogar Spott aus.

In der Tat haben wenige englischsprachige Dichter ihre religiösen Überzeugungen so entschieden, unbefangen und authentisch gegen einen intoleranten Zeitgeist zum Ausdruck gebracht wie Bob Dylan. Für William Shakespeare (1564-1616), der vom Terror der englischen Staatskirche unter deren Oberhaupt Queen Elizabeth I bedroht wurde, war es eine Frage des „to be or not to be", seinen katholischen Glauben (nicht allzu offen) zu bekennen. Wie die deutsche Anglistin Hildegard Hammerschmidt-Hummel nachgewiesen hat, versteckte er seine Überzeugungen oft in und hinter den Aussagen seiner Dramenfiguren[21]. Der oben erwähnte William Blake (1757-1827) kleidete seine Kritik an Staat und anglikanischer Kirche in eine Art Privatmythologie, die kaum jemand zu deuten wusste, weswegen er nur als Sonderling angesehen und daher unbehelligt gelassen wurde. Allerdings fristete er ein sehr bescheidenes Leben am Rande der Gesellschaft. Für Thomas Stearns Eliot (1888-1965) war es ein mutiger, dem Zeitgeist widersprechender, aber nicht mehr gefährlicher Schritt, die moderne Verzweiflungsmetaphysik seiner modernen „Wasteland"-Episode hinter sich zu lassen und nach seiner Konversion zu der toleranteren Anglo-Catholic Church mit seinen *Four Quartets* (1943) eine philosophisch-religiöse Meditation über Sein und Zeit zu verfassen, welche Tradition und Moderne versöhnt.

Was viele an Bob Dylans religiöser Entwicklung zu provozieren scheint ist, dass sie diametral entgegengesetzt verläuft zur modernen Abkehr von der Religion, wie sie am radikalsten von dem deutschen Philosophen Friedrich Nietzsche vollzogen und verkündet worden ist. In der Literatur war es James Joyce, der mit seiner innovativen, selbst feinste Seelenregungen registrierenden Erzähltechnik den weltanschaulichen Traditionsbruch am entschiedensten zum Ausdruck brachte, wobei freilich zu berücksichtigen ist, dass im Gegensatz zu philosophischen Abhandlungen die Fiktionalität epischer Werke eine Bestimmung des Werthorizonts des Autors erschwert. Joyce' früher Roman *A Portrait of the Artist as a Young Man* (1914/15) zeigt jedenfalls in der Figur des Stephen Dedalus paradigmatisch, wie ein streng religiös erzogener Junge in der Pubertät in eine Glaubenskrise gerät, diese zwar überwindet, aber dann als junger Erwachsener im

Zuge der Suche nach seiner Berufung zum Künstler schließlich doch dem atheistischen Zeitgeist folgt und seiner Mutter, die ihn auf den rechten Weg zurückführen will, erwidert: „I will not serve".[22] (Ich diene nicht.) Dass er weiß, wen er mit seiner Verneinung nachahmt, enthüllt ein Gespräch mit seinem Freund Cranly, der ihn darauf hinweist, dass diese Worte bereits einmal gesprochen wurden. Es sind – der theologischen Auffassung zufolge, die dem jugendlichen Stephen in der Klosterschule vermittelt worden ist – die Worte Luzifers, eines der höchsten Engel, mit denen dieser sich gegen Gott auflehnt, seinen Platz im Himmel verliert und fortan versucht, die Menschen dazu zu bringen, desgleichen von ihrem Schöpfer abzufallen und gegen die göttliche Ordnung zu rebellieren. Der junge Mann bleibt trotzdem bei seinem persönlichen und zeitgeistkonformen, modernen Nein, auch auf die Gefahr hin, einen Fehler zu begehen, „even a great mistake, a lifelong mistake and perhaps as long as eternity too"[23].

Stephen Dedalus, der in mancher Hinsicht Faust ähnelt, dem vormodernen Prototypen der Abkehr von seinem Schöpfer, ist wie dieser eine fiktionale Figur, die trotz auffallender Parallelen mit ihrem Autor zwar nicht mit diesem gleichgesetzt werden kann, an der sich jedoch zeigt, wie intensiv sich die Moderne thematisch noch mit der Frage nach Gott auseinandergesetzt hat, bevor sie den Bruch mit dem überlieferten religiösen Werthorizont und der damit einhergehenden Wirklichkeitsauffassung vollzog – einen tieferen und gravierenderen als es die Verwerfung der letztlich neutralen künstlerischen Gestaltungsmittel der Tradition bedeutete – und sich im vollen Bewusstsein des ewigen Gewichts dieser Entscheidung vom christlichen Glauben abwandte. Die meisten Autoren und Strömungen der seit den 60er Jahren dominierenden Postmoderne übernahmen diese Entscheidung, ohne sie noch einmal zu hinterfragen. Metaphysische Themen spielen für sie überhaupt keine Rolle mehr. Die Verneinung der christlichen Offenbarung ist längst selbstverständlich geworden und eine transzendente Begründung von Werten wird nicht einmal mehr in Erwägung gezogen. Was in der Literatur nach der Negation eines überzeitlichen, nicht von Menschen konstruierten Werthorizonts bleibt ist, wie die bedeutendsten Werke der literarischen Postmoderne beweisen – exempli gratia die „großen" Romane von Günther Grass, Thomas Pynchon, Umberto Eco – lediglich das pornographische, blasphemische, nihilistische Spiel einer Imagination, die kein Gesetz über sich duldet, ein Spiel, das letztlich die poetische Fiktion zur ultimativen Realität macht.

In dieser Situation bekehrt und bekennt sich ein gefeierter, als Gesellschaftskritiker berühmt gewordener Künstler zu der im Westen am meisten bekämpften Religion und reagiert bereits im Eingangslied seiner ersten explizit christlichen Platte *Slow Train Coming*[24] direkt auf die „I-will-not-serve"-

Rebellion der Moderne. Das lyrische Ich redet zwar jeden Menschen an, sei er reich oder arm, blind oder lahm, sei er angesehen und mächtig oder behindert und geringgeschätzt, sei sein Verhalten und Lebensstil ehrenwert oder verwerflich usw. usf. – trifft mit seiner Ansprache jedoch besonders diejenigen Zeitgenossen, welche meinen, wegen ihrer Negation der transzendenten, metaphysischen Wirklichkeit niemandcm mehr dienen zu müssen:

> *„But you're gonna have to serve somebody, yes indeed*
> *You're gonna have to serve somebody,*
> *Well, it may be the devil or it may be the Lord,*
> *But you're gonna serve somebody."*

Indem er aufdeckt, dass ein an Gott gerichtetes „I will not serve" nur eine Illusion von Freiheit bringt, in Wirklichkeit jedoch Abhängigkeit vom Teufel schafft, erinnert Dylan nicht nur die gottvergessenen postmodernen Zeitgenossen an ihren Schöpfer, sondern hebt gleichzeitig die verdrängte Implikation des rebellischen Neins der Modernisten erneut ins Bewusstsein.

Mit der LP *Infidels*[25] (1983) endete das missionarische Engagement Dylans abrupt. Da der Künstler auf der Plattenschutzhülle in knieend-kauernder Haltung auf einem Hügel, den Tempelberg mit dem Felsendom in Jerusalem hinter sich, abgebildet ist, wurde vermutet, Dylan habe sich erneut dem Judentum zugewendet oder aber der Religion überhaupt den Rücken gekehrt. Tatsache ist, dass er den Glauben an Jesus Christus fortan nicht mehr explizit verkündigt.

Und doch wird man weder in seinem Liedschaffen noch in anderen Äußerungen von ihm eine Aussage finden, mit der er diesen Glauben widerruft. Im Gegenteil, auf die Frage, warum er nicht mehr predige, soll er geantwortet haben, Jesus habe auch nur drei Jahre gepredigt. Bei Konzerten spielt er seither zwar nicht mehr überwiegend oder gar ausschließlich christliche Songs wie nach seiner Bekehrung, aber durchaus immer wieder den einen oder anderen, und zwar ohne ihn fast bis zur Unkenntlichkeit zu dekonstruieren, wie er es bei vielen seiner früheren Lieder tut. In einem Konzert mit Tom Petty and the Heartbreakers im Jahr 1986 in Sydney, das unter dem Titel „Hard to handle" als Videokassette verbreitet wurde, leitet Dylan den Song „In the garden" mit folgenden Worten ein: „This last song now is all about my hero." Dann zählt er zeitgenössische Helden auf wie John Wayne, Michael Jackson, Bruce Springsteen und fügt hinzu: „Anyway, I don't care nothing about those people. I have my own hero. I'm going to sing about him right now."[26] Das Lied, das er dann mit einem Gospelchor vorträgt, stammt von der LP *Saved* und bringt die Verwunderung über die Anma-ßung und den Unglauben der Gegner Jesu durch eine Reihe rhetorischer oder auch echter Fragen zum Ausdruck, zum Beispiel in Strophe 1: „When

they came for Him in the garden, did they know?
…/Did they know He was the Son of God, did they
know that He was Lord?" oder in Strophe 4: „Did
they speak out against Him, did they dare?". Der
Song endet mit den Versen: „When He rose from the
dead/Did they believe?"[27]

1997 nahm Dylan die Einladung des Papstes an,
beim Eucharistischen Kongress in Bologna aufzu-
treten. Er spielte und sang mit ungewöhnlich deutlicher Artikulation vor Johannes Paul II. unter anderem das demütige „Knockin' on heaven's door", so
als würde er sich selbst uneingeschränkt mit dem
lyrischen Ich identifizieren, seinen ersten großen
Folk-Hit „Blowin' in the wind" und das Gebet
„Forever young", das er gleichsam für das alte, von
schwerer Krankheit gezeichnete Kirchenoberhaupt
an Gott richtete. Ein Foto zeigt, wie der Musiker
und der Papst sich die Hand geben, wobei sich die
beiden tief in die Augen blicken.

2009 veröffentlichte Dylan unter dem bezeichnenden Titel *Christmas in the Heart*[28], eine CD mit
Weihnachtsliedern, die neben säkularem Geplänkel
und Schneeromantik auch zahlreiche Christmas
Carols enthält, die auf die Geburt des Königs und
Erlösers Jesus Christus verweisen, wie zum Beispiel
„Hark! The herald angels sing", „O' come all ye
faithful (Adeste fideles)" oder „The first noel". Die
überlieferten Texte bleiben unangetastet, ebenso wie
die wesentlichen musikalischen Elemente dieser

Lieder, wobei Dylan freilich wie fast immer seine stimmliche Verfremdungstechnik einsetzt, die in diesem Zusammenhang jedoch keine Ironisierung und Infragestellung der Botschaft der Lieder bewirkt, sondern ganz im Gegenteil verhindert, dass sie wegen ihrer enormen Verbreitung gar nicht mehr bewusst wahrgenommen wird. Er identifiziert sich ganz offensichtlich mit deren Aussage und aktualisiert ihre Bedeutung für die zeitgenössischen Hörer. Bezeichnenderweise lautet das einzige Wort, das Dylan einem der 15 Lieder hinzufügt, „Amen". Es handelt sich um das letzte mit dem Titel „Little town of Bethlehem", in dem die Nacht der Geburt Christi thematisiert wird und in dem es unter anderem heißt: „Yet in thy dark streets shineth/The everlasting light". Mit dem sich wohl auch auf alle zuvor gesungenen Christmas Carols beziehenden, das soeben Gesungene bekräftigende, auch in jedem christlichen Gottesdienst verwendete hebräische Wort „Amen" („Ja, so sei es") macht Dylan seine Weihnachts-CD zu einer erneuten, diskreten, unaufdringlichen Verkündigung seines Glaubens an Jesus Christus.

Daneben finden sich im Spätwerk Dylans, also von etwa 1997 an, auch immer wieder Kompositionen, die auf subtile Weise an die eigene religiöse Erweckung erinnern. In dem Song „It's not dark yet" auf *Time out of Mind*[29] (1997) klagt er über die seelische Dunkelheit und die Wunden „the sun didn't heal" (welche die Sonne nicht geheilt hat). Das Nomen könnte jedoch auch das Homonym „Son" (Sohn) meinen, bezöge sich dann auf Christus, „the Son of God". Ein weiteres doppelt kodiertes Beispiel ist der Song „This dream of you" auf der CD *Together through Life*[30] (2009), der zunächst wie die Klage eines von seiner Partnerin verlassenen Mannes klingt, bei genauerer Analyse jedoch auch das Leiden einer Seele artikulieren könnte, die sich nach einer viellcicht schon längere Zeit zurückliegenden, beglückenden Gotteserfahrung in einer trostlos gewordenen Wirklichkeit wiederfindet und deren einziges Lebensziel jetzt nur noch darin besteht, für immer mit Gott vereint zu sein. Selbst auf *Rough and Rowdy Ways*[31] (2020), der bislang letzten CD, die Dylan veröffentlicht hat und auf der es von skurrilen Personae nur so wimmelt, lässt ein Song nicht nur wegen der von Jaques Offenbach geborgten und auf Gitarren übertragenen Begleitmusik aufhorchen. Sein Titel und Refrain lauten „I've made up my mind to give myself to you". Ein über sein Leben meditierendes Ich singt von einem lange bedachten und gereiften Entschluss, sich reservelos für immer an eine andere, nicht näher charakterisierte Person hinzugeben. Für die naheliegende Interpretation, dass es sich um eine eheliche Bindung an eine Frau handelt, sprechen in der Tat einige Andeutungen, gleichzeitig aber wird die Aufmerksamkeit des Hörers immer wieder in eine religiöse Dimension gelenkt, so etwa in den Versen:

„If I had the wings of a snow white dove,

I'd preach the gospel, the gospel of love,
A love so real, a love so true.
I've made up my mind to give myself to you. "

Menschliche Liebe, die ein Abbild der göttlichen Liebe ist, oder göttliche Liebe, die durch natürliche, menschliche Bilder ausgedrückt wird? Bob Dylan hat sich in eine literarische Tradition eingereiht, die vom biblischen „Lied der Lieder" (Hohelied) und den Hochzeitsgleichnissen Jesu über Dante und San Juan de la Cruz bis zu Ernesto Cardenal reicht.[32]

*

Ein weiteres Merkmal, das für Bob Dylans religiösen Werthorizont – soweit er sich in seinem Werk, seinen Ansprachen und Interviews manifestiert – charakteristisch ist, das jedoch im Gegensatz zur Mystik vor allem eine gesellschaftliche Funktion besitzt, ist die Apokalyptik. Schon der frühe Song „A hard rain's a-gonna fall" lässt sich als Warnung vor einem Atomkrieg verstehen und das vom Buch des Propheten Jesaja inspirierte „All along the watch-tower"[33] hat gewiss nicht die Absicht, eine historische Situation darzustellen, den Untergang Babylons vor 2500 Jahren, vielmehr geht es dem Dichter um das moderne Babylon, das für ihn vor allem durch die materialistische, unmoralische Gesellschaft Amerikas verkörpert ist. Sie steht vor dem Fall, weil sie sich anmaßend über Gott gestellt hat. Was sich in den 60er Jahren schon andeutete, hat inzwischen, nachdem es in den für die USA und den

Westen triumphalen 90er Jahren so aussah, als
wäre die Prophezeiung falsch gewesen, erneut an
Relevanz gewonnen.

Bob Dylans prophetisches Reden und Dichten er-
lischt keineswegs nach seiner Konversion, sondern
gewinnt vielmehr eine christliche Konkretheit und
Tiefe. In dem Song „When He returns" auf der LP
Slow Train Coming[34] singt er von der Wiederkunft
Christi, die ja den Kern der christlichen Zukunfts-
erwartung ausmacht. Diese wird durch direkte
Übernahmen aus den Evangelien, z.b. die Vergleiche „like a thief in the night" (wie ein Dieb in der
Nacht) oder „the gate is narrow" (das Tor ist eng)
und poetische Umschreibungen („The iron hand, it
ain't no match for the iron rod"/die eiserne Hand ist
dem eisernen Zepter nicht gewachsen) charakterisiert, darüber hinaus wird der Hörer oft direkt
angeredet und zur Entscheidung herausgefordert:
„Surrender your crown on this blood-stained
ground, take off your mask"; How long can you
falsify and deny what is real?" Aber auch das eigene
falsche, verhärtete Ich wird in Frage gestellt:

> „Can I cast aside, all this loyalty and this pride?
> Will I ever learn that there'll be no peace,
>   that the war won't cease
> Until He returns?"

Im Schlusslied der LP *Saved* „Are you ready" spricht
das lyrische Ich, nachdem es sich selbstkritisch
gefragt hat: „Am I ready to lay down my life for the

brethren?/And to take up my cross?" den Hörer ebenfalls ganz direkt an und fragt ihn:

> „Are you ready for the judgement?
> Are you ready for that terrible swift sword?
> Are you ready for Armageddon?
> Are you ready for the day of the Lord?"[35]

Auch außerhalb der poetischen Welt seiner Songs äußerte Dylan sich in jenen Jahren prophetisch. So leitete er in einem Konzert in Los Angeles seinen Song „Solid Rock" mit einer längeren Ansprache ein:

> „You wanna know something? We're not worried at all – even though it is the last of the End times ... We're not worried ... we don't care about the atom bomb, ... 'cause we know this world is going to be destroyed and Christ will set up His kingdom in Jerusalem for a thousand years ..."[36]

Dass Bob Dylans Bekenntnis zu Jesus Christus viele Kritiker und Fans irritiert hat, nicht nur Atheisten, Agnostiker und zeitgeistkonforme Christen, sondern auch Juden, ist nicht verwunderlich. So macht Seth Rogovoy keinen Hehl daraus, dass er Dylan's „apparent embrace of Christianity" für einen Fehler hält, für den der Künstler „in more ways than one"[37] bezahlt habe. Dabei bemüht der Kritiker sich in seinen Interpretationen von dessen explizit christlichen Songs, den Bezug auf Jesus herunterzuspielen und jüdische Zusammenhänge in den Vordergrund zu stellen. Wenn Dylan die von Johannes dem Täufer zuerst gebrauchte Metapher für

Jesus aufgreift und singt: „I've been saved/by the blood of the lamb" (ich bin durch das Blut des Lammes gerettet worden), erklärt Rogovoy ausführlich, dass diese Rede ihren Ursprung darin habe, dass die hebräischen Sklaven vor ihrem Auszug aus Ägypten die Türpfosten ihrer Wohnungen mit dem Blut geschlachteter Lämmer bestreichen sollten, um verschont zu werden, wenn der Engel Gottes vorübergehe, der die Erstgeborenen der Ägypter erschlagen sollte. Schließlich behauptet Rogovoy, Dylan widersprechend, sogar: „... no sacrificial lamb – not since the biblical Azazel [Sündenbock] – in beastly or human form can assume the burden of one's guilt."[38]

Einer Prophezeiung des Christ gewordenen Juden Paulus gemäß werden sich am Ende der Zeiten viele Juden zu Christus bekehren (Brief an die Römer, Kap. 11). Roy H. Shoeman, ein amerikanischer Jude, der in den 80er Jahren des 20. Jahrhunderts zum katholischen Christentum konvertierte, machte die Erfahrung, dass er durch seine „Bekehrung" keineswegs seine jüdische Identität verlor, sondern im Gegenteil, dass sie sich sogar vertiefte. In Bezug auf diese seine Erfahrung und die anderer jüdischer Konvertiten schreibt er: „Sie empfanden sich nach ihrer „Bekehrung" nicht als weniger jüdisch, sondern vielmehr als jüdischer denn je, und sie waren von einem Feuer erfüllt, ihre Freude darüber, den Messias gefunden zu haben, ihren Mitjuden mitzuteilen."[39] Das trifft offensichtlich auch auf den

Popstar Bob Dylan zu, der freilich ein weltweites Publikum hat und daher Menschen aller Religionen und Weltanschauungen adressiert. In seiner Rede über die Endzeit sagt Jesus voraus: „... dieses Evangelium ... wird auf der ganzen Welt verkündet werden, damit alle Völker es hören; dann erst kommt das Ende." (Mt 24,14) Auch die Hinwendung des Juden Bob Dylan zu Christus und seine globale Verkündigung der Frohen Botschaft sind Zeichen, dass wir in der Endzeit leben.

DER TRAUM IM NACHTCAFÉ

Zur Mystik des späten Dylan

Die 2009 erschienene CD *Together through Life*[1] ist eine Sammlung von zehn Liedern, welche die bereits in den 90er Jahren eingeleitete Rückkehr Bob Dylans zur traditionellen amerikanischen Folk-Musik fortsetzen und um das Genre Tex-Mex erweitern, das im 19. Jahrhundert in Texas und Kalifornien aus einer Synthese mexikanischer und US-amerikanischer Stile entstand. Charakteristisch für den Sound dieser Musik sind neben der Gitarre vor allem Akkordeon und Trompete. Die Songs, die Bob Dylan laut CD-Begleitheft mit einer einzigen Ausnahme zusammen mit dem Textdichter der Grateful Dead Robert Hunter verfasst hat, thematisieren problematische Liebesbeziehungen im Zusammenhang mit gesellschaftlichen Missständen und Hinweisen auf drohendes Unheil. Das interessanteste und mysteriöseste Lied der Scheibe ist allerdings der Titel, für den Bob Dylan als alleiniger Urheber genannt wird: „This dream of you". Mit seiner schwermütigen, nostalgischen Akkordeonbegleitung wirkt der Song beim ersten Hören wie die Klage eines einsamen alten Mannes über eine enttäuschte Liebe, offenbar die größte in seinem Leben, jedenfalls die einzige, die ihm trotz der erfolgten Trennung, an der allerdings niemand schuld zu sein scheint, die Kraft gibt weiterzuleben.

Hört man den Song genauer an, so kommen einem jedoch Zweifel an der Interpretation, dass das lyrische Ich oder – um Ezra Pounds Begriff zu verwenden – die „Persona", die durch den Sänger

repräsentiert wird, nur daran leidet, dass für „sie"
eine zwischenmenschliche Beziehung, wie tief sie
auch immer gewesen sein mag, in die Brüche
gegangen ist. Jedenfalls verweisen mehrere Aussagen des Textes in eine metaphysische Dimension,
was dem Lied erst seinen ganz eigenen Reiz, sein
Gewicht und seine Tiefe verleiht.

Verschaffen wir uns zunächst einen Überblick über
den äußeren Aufbau des Songs, damit wir dem
durch die poetische Form strukturierten Gedankenstrom des lyrischen Ichs leichter folgen können. Es
können deutlich vier Strophen (A1-4), die sich am
schlüssigsten in jeweils fünf Verse unterteilen lassen, sowie zwei Abschnitte mit jeweils acht Versen
(B1 und B2) unterschieden werden[2]. Die Strophen
enden stets mit einem Refrain (R) aus drei Versen.
Rein instrumentale Abschnitte sind eine kurze
Einleitung (E), ein Zwischenspiel (Z) nach A3 und
die Coda (C). Die Struktur des Liedes lässt sich also
folgendermaßen darstellen: E - A1 – R - A2 – R - B1
- A3 - R - Z - B2 - A4 - R - C.

In der ersten Strophe (A1) erfährt man, dass sich
der Sänger nachts in einem Café befindet, wo er auf
den Morgen wartet, wobei er sich quälende Fragen
stellt („How long can I stay …?"; „I wonder why …").
Im Refrain verweist er auf ein „Du", genauer auf den
„Traum" von einem „Du", der alles ist, was er besitzt
und kennt und der das Einzige zu sein scheint, was
ihn weiterleben lässt.

Der Hörer wird sich vielleicht vorstellen, dass eine Frau dem Sänger so unendlich viel bedeutet, ausdrücklich wird uns dies jedoch weder hier noch an irgendeiner anderen Stelle des Lieds mitgeteilt. Die angeredete Person, die der Refrain ständig heraufbeschwört, bleibt ein Rätsel, eine Leerstelle, die der Dichter offenbar ganz bewusst gesetzt hat. Solche Leerstellen sind in literarischen Texten, wie der Literaturwissenschaftler Wolfgang Iser[3] gezeigt hat, freilich kein Mangel, sondern ein wesentliches Merkmal, das sie von nicht-literarischen unterscheidet. Gerade in poetisch anspruchsvollen Texten sind sie als Appell an den Leser oder Hörer zu verstehen, sich in den Rezeptionsprozess einzubringen und die fehlenden Informationen zu ergänzen, damit das Gehörte Sinn ergibt. Was bedeutet es also, dass die mit Du angesprochene Person in unserem Song nirgends explizit charakterisiert wird? Ist sie für den Sänger unfassbar oder unbeschreiblich? Geht die Bedeutung dieser Person so weit über das hinaus, was ein Mensch für einen anderen sein kann, dass sein ganzes Leben von diesem Du abhängt? Was bedeutet es, dass der Sänger nur einen Traum, vielleicht also eine vage, emotionale, wunschgeprägte, durch die Erinnerung und Phantasie mitgeformte Vorstellung von diesem Du hat? Kennt er es vielleicht noch gar nicht wirklich? Muss er diesem Du denn nicht bereits irgendwo begegnet sein? Immerhin artikuliert die Aussage im Refrain, dass das Weiterleben ohne diesen Traum sinnlos wird, die Hoffnung auf eine Erfüllung versprechende Begegnung mit diesem Du in der Zukunft.

Die zweite Strophe beginnt mit der allgemeinen Aussage, dass es einen Augenblick gibt, in dem alles Alte wieder neu wird, eine Erkenntnis, die bereits der alttestamentliche Weisheitslehrer Kohelet in dem nach ihm benannten Buch zum Ausdruck bringt: „Was geschehen ist, wird wieder geschehen ...“ (Koh.1,9). Wenn das lyrische Sänger-Ich die Befürchtung äußert, dass es diesen Moment der Wiederholung und Erneuerung versäumt haben könnte, gesteht es, dass es bereits zu dem außergewöhnlichen Ereignis einer Begegnung mit dem geheimnisvollen Du gekommen sein muss.

Was aber geschah bei dieser Begegnung? Auch diese zweite große Leerstelle in dem Song lässt sich nicht leicht füllen. In B1 wird das Ereignis lediglich mit dem sächlichen Personalpronomen „it“ angedeutet: „I look away, but I keep seeing _it_“ (Hervorhebung vom Verfasser) und dann noch seltsamer: „I don't want to believe,/but I keep believing _it_“. Das Ereignis bleibt dadurch zwar noch unbekannt, doch immerhin erfahren wir, dass der Sänger versucht, sich von dem Du zu lösen. Er schaut weg, sieht es (das „Du“? Oder das, was sich ereignet hat?) aber trotzdem. Es lässt sich nicht ignorieren, nicht verdrängen. Selbst die Schatten, die an der Wand tanzen, „seem to know _it_ all.“ Der Sänger will nicht glauben (an das „Du"? Oder dass „es" sich ereignet hat?), kann jedoch nicht aufhören, „es" zu glauben.

In der dritten Strophe (A3) folgt die selbstquälerische Frage, ob er inzwischen zu blind ist, um zu sehen, und ob sein Herz, also seine Gefühle, seine Sehnsucht ihn nicht vielleicht täuschen. Den unauslöschlichen Eindruck, den die Begegnung in der Seele des lyrischen Ichs hinterlassen hat, kann man auch an der in den nächsten beiden Versen artikulierten Erkenntnis ablesen, dass die Traurigkeit der Persona aufhört, solange sie sich äußeren, oberflächlichen Zerstreuungen in einer Menschenmenge überlässt.

Der Abschnitt B2 gibt einen weiteren Eindruck des lyrischen Ichs wieder: „Everything I touch/seems to disappear". Was es berührt, also das Materielle, Irdische, scheint zu verschwinden, wohingegen das rätselhafte Du – das hier zum ersten Mal außerhalb des Refrains genannt wird und das „it" ersetzt – immer da ist, wohin das lyrische Ich sich auch wendet. Sind das Ereignis und die Person womöglich identisch? Danach folgen zwei Verse, die den letzten Zweifel beseitigen, dass es Dylan um eine metaphysische Botschaft geht. Anders ergäbe die Beteuerung, dass der Sänger „this race", dieses Rennen, vielleicht auch dieses Hinterher-Rennen, diese Suche nach der entschwundenen Erscheinung, bis zu seinem „earthly death" (irdischen Tod) fortführen wird, was nicht nur impliziert, dass er an

ein Leben nach dem irdischen glaubt, sondern auch
nahelegt, dass das Wiedersehen sich erst nach dem
Tod erfüllen wird. Bereits der deutsche Barock-
dichter Andreas Gryphius (1616-1664) gebraucht in
seinem Sonett „Abend" einen ähnlichen Vergleich,
wenn er schreibt: „Diß Leben kömmt mir vor alß
eine renne bahn". Sein Gedicht endet mit der Bitte,
Gott möge ihn auf dem „Laufplatz" nicht gleiten
lassen, sondern am Ende seines Lebens „aus dem
Tal der Finsternis"[4] zu sich nehmen.

Dylans lyrisches Ich betet zwar nicht, doch es
bekräftigt, dass es „diesen Ort" bis zum letzten
Atemzug verteidigen wird („I'll defend this place with
my dying breath"). Welcher Ort damit gemeint ist,
wird in der nächsten und letzten Strophe (A4) klar,
die uns auch einen, wenn auch allegorisch ver-
schlüsselten Hinweis auf das geheimnisvolle Ereignis der früheren Begegnung gibt. Wir erfahren, dass
der Sänger sich einst in einem trostlosen, durch
einen Vorhang verdüsterten Raum befand, vielleicht
in einem Hotelzimmer, als er einen Stern vom
Himmel fallen sah. Er blickte um sich, doch der
Stern war verschwunden. Die widersprüchliche
Aussage, dass man in einem Raum, in dem der
Vorhang zugezogen ist, einen Stern fallen sieht,
macht deutlich, dass es sich nicht um etwas
Äußeres, etwa eine Sternschnuppe, handeln kann.
Ein solcher Stern würde außerdem vom physika-
lischen Himmel fallen, für den das Englische das
Wort „sky" hat, nicht vom „heaven", also vom meta-

physischen Himmel. Dylan spricht offenbar von einem inneren Erlebnis, einem mystischen Ereignis, einer unerwarteten Begegnung mit einem über-irdischen Licht, vielleicht einer himmlischen Licht-gestalt. Akzeptiert man diese Interpretation, er-schließt sich auch vieles, was bei oberflächlichem Lesen rätselhaft bleibt. Die Nacht im „nowhere cafe" (A1), wo das lyrische Ich auf den Tag wartet, muss Dylans Metapher für das sein, was Teresa von Ávila als Nacht, die man in einem schlechten Wirtshaus verbringt, bezeichnet, nämlich das Leben in der irdischen Welt. Das lyrische Ich fragt sich, wie lange es noch in diesem Café, das sich „nirgendwo" befindet, bleiben muss, bis die Nacht endlich zum Tag wird. Obwohl es darauf wartet, fürchtet es sich aber auch vor der Dämmerung. Es ist sich bewusst, dass es sterben muss, bevor der Tag des hellen, unvergänglichen Lebens beginnen kann. Damit löst sich auch das Rätsel des Ortes, den der Sänger bis zu seinem letzten Atemzug verteidigen will. Es kann unmöglich das Nachtcafé sein, nicht die irdische Welt, sondern nur der zunächst so trostlose Raum, den die mystische Begegnung für immer verwandelt hat, der also zu einem Symbol für den Einbruch des himmlischen Lichts, ja für das göttliche Du selbst geworden ist.

In Bezug auf die religiöse Überzeugung des zum Zeitpunkt der Veröffentlichung des Songs fast 68 Jahre alten Autors, zeigt die Analyse zweierlei. Erstens, es geht Dylan – wir können annehmen, dass die lyrische Ich-Persona mit dem impliziten Autor hier weitgehend identisch ist – ähnlich wie vielen Mystikern, die nach beglückenden, ja ekstatischen Gotteserfahrungen Phasen der Dunkelheit, Trostlosigkeit und Verlassenheit durchmachen mussten. Der große spanische Heilige Juan de la Cruz (1542-1591) spricht diesbezüglich von der dunklen Nacht der Seele, in der man nichts mehr sieht und selbst der Glaube erloschen zu sein scheint. Bernard McGinn, einer der führenden zeitgenössischen Theologen auf dem Gebiet der Mystik, weist darauf hin, dass Leiden im Leben der christlichen Heiligen und Mystiker generell eine große Rolle spielt, dass einige jedoch noch tiefere seelische Leiden als Krankheit, Verfolgung und Martyrium durchmachen mussten: „There have been a number of mystics who underwent the even graver trial of deriliction, the feeling of being abandoned by God ..., even consigned to hell"[5]. Als Beispiele aus dem letzten Jahrhundert führt McGinn unter anderem Thérèse von Lisieux, Thomas Merton und Mutter Teresa von Kalkutta an. Gerade das Erleben der scheinbaren Abwesenheit Gottes, dessen Licht für unsere Augen Dunkelheit ist, wie San Juan de la Cruz sagt, gilt als starkes Indiz für die Echtheit der vorausgehenden Gotteserfahrung. Sie ist freilich auch eine Bewährungsprobe für die Treue des Begnadeten. Jedenfalls finden sich durchaus Beispiele, dass Mystiker später an der Übernatürlichkeit ihrer früheren Erfahrungen zu zweifeln begannen oder diese sogar widerriefen. Das kann freilich auch bedeuten, dass die Erfahrung wirklich nicht echt, sondern ein Produkt der Phantasie war. Wer könnte als Außenstehender darüber urteilen?

Das zweite, was die Analyse des Songs zeigt ist, dass Bob Dylan den Glauben an seine mystische Erfahrung nicht verloren hat. Er hält daran fest, auch wenn sie aus der zeitlichen Distanz wie ein Traum erscheint, und er beteuert, dass dieser Traum ihm alles bedeutet und das Einzige ist, wofür es sich weiterzuleben lohnt. Um welche Erfahrung aber könnte es sich dabei handeln? Soweit seine Biografie bekannt ist, kann es keine andere gewesen sein als die Begegnung mit Jesus Christus in einem Hotelzimmer in Tucson, Arizona, am 19. November 1979, von der er seinerzeit so entschieden Zeugnis abgelegt hatte: „Jesus did appear to me as King of Kings, and Lord of Lords"[6]. Als Einwand könnte man vorbringen, dass das Bild vom fallenden Stern irreführend ist und der Größe und Wirkung der in dem Zitat in theologischer Sprache formulierten Erfahrung keinesfalls gerecht wird. Von anderen Mystikern weiß man jedoch, dass auch sie daran scheiterten, adäquate Worte zu finden, wenn sie über ihre mystischen Erlebnisse Auskunft geben sollten. Bei der Darstellung des Göttlichen versagt die menschliche Sprache, selbst die der größten Dichter.

JENSEITS DER
(POST)
MODERNE

Mutmaßungen über den Dämon der
Literatur

In einem Brief an Thomas Merton schrieb der kubanische Lyriker Cintio Vitier am 16. November 1963: „I tell you that for me one of the worst demons is the demon of literature, in fact for many years I have felt the obsession of a writing that is tied up with evil."[1]

Aus dem nur wenig längeren, in Mertons Tagebuch *Dancing in the Water of Life* abgedruckten Zitat geht zwar nur andeutungsweise hervor, woran Vitier seine metaphysisch begründete Literaturkritik festmacht, überblickt man jedoch aus der Perspektive des beginnenden 21. Jahrhunderts die Literatur der vorausgehenden zehn bis zwölf Dekaden, so fällt es nicht schwer, das Urteil zu konkretisieren. In kaum einer Epoche der europäisch-abendländischen Kulturgeschichte lässt sich der dämonische Einfluss auf die Kunst im Allgemeinen und die Literatur im Besonderen deutlicher erkennen als in der so genannten Moderne, welche die absurde Behauptung, dass Gott tot sei, zu ihrem Dogma erhoben hatte. Wenn Gott tot ist, gibt es aber nicht etwa keinen Gott, sondern viele Götter, hat der amerikanische Literaturkritiker Leslie Fiedler dazu treffend bemerkt. Und in der Tat war sich die Moderne nur einig hinsichtlich dessen, was sie negierte, nicht in Bezug auf das, was sie anbetete. Die Götzen wurden Legion. Kaum ein moderner Schriftsteller, der sich nicht wenigstens vor einem von ihnen niederwarf, der nicht wenigstens einem von ihnen seine Worte widmete. Manches wäre in diesem Zusammenhang zu sagen über den Dämon der Drogenseligkeit, dessen Verehrung bereits in der Romantik einsetzte, bevor sie fast 200 Jahre später, in den Beat- und Rock, Punk- und Hip-Hop-Generationen ihren vorläufigen Höhepunkt erreichte. Mehr noch ließe sich berichten über den Dämon der Unzucht, dem sogar einige der brillantesten Schriftsteller des vergangenen Jahrhunderts dienten; ein Dämon, dessen Propheten sich, falls sie nicht bloß kommerzielle Interessen verfolgen, meist als mutige Aufklärer gebärden, obwohl sie doch die geschlechtliche Wirklichkeit auf die Sinne reduzieren und so, die metaphysische Dimension des Phänomens ignorierend, das Abbild der unendlichen Liebe um des Linsengerichts flüchtiger Genüsse willen zerstören. Gar vieles könnte natürlich auch über den Dämon des Geldes ausgeführt werden, der schon längst nicht mehr nur die Massenkultur regiert; war die Moderne noch immun gegen das Profitmotiv gewesen – die bedeutendsten Künstler der ersten Hälfte des 20. Jahrhunderts schufen ja ganz bewusst eine unverkäufliche Kunst – so biedert sich ihr zeitgenössisches Echo, die so genannte Postmoderne, dem Kommerz geradezu an. Eine ungeheure Macht hatte auch der Dämon der Gewalt über die Literatur im gewalttätigsten Jahrhundert der Weltgeschichte; mit ihm kokettierten schon jene Modernisten, die den ersten Weltkrieg begrüßten; andere huldigten ihm in subtilerer Weise, indem sie sich den Utopien linker oder rechter Terrorideologien öffneten.

Der negative Einfluss all dieser Götzen auf die Kultur des 20. Jahrhunderts lässt sich nicht bestreiten, dennoch muss man den wirklich bedeutenden Autoren der Moderne zugestehen (und sicher ist dies eines der Kriterien für ihre Größe), dass es ihnen gelang, das Wirken der zerstörerischen Kräfte aufzuzeigen und sie somit, wenn nicht zu überwinden – das ist weltimmanent nicht möglich – so doch gleichsam ästhetisch zu binden. Hier ist nicht der Ort für eine detaillierte Abhandlung über die dunklen Tendenzen in der Literatur des 20. Jahrhunderts, doch die mächtigste von ihnen, „the Inner Demon at the Heart of Modern Literature", wie Irving Howe den Nihilismus bezeichnet hat, soll etwas genauer betrachtet werden. Der Nihilismus, die „Entwertung der höchsten Werte" (Nietzsche) ist eine konsequente Folge des Glaubens, dass Gott tot ist. Indem der Atheist sich selbst für wirklicher als Gott hält, ja die Materie, die Natur, sogar das, was der Mensch hervorgebracht hat, als realer als den Schöpfer des Universums ansieht, setzt er nicht nur einen uralten Götzendienst in einer modernen Verkleidung fort, sondern erhebt auch den Tod zur letzten Wirklichkeit. Das Tor, das die Religionen öffnen, die Überwindung des Todes, die endgültig seit 2000 Jahren möglich ist und welche die wahrhaft progressiven Menschen seither angenommen haben, wird unter dem Etikett des „Fortschritts" geschlossen. Was sich modern gibt, ist tatsächlich reaktionär.

Historisch gesehen beginnt die Abkehr großer Teile
der Intelligenz von Gott in der so genannten
Aufklärung, die sich, nachdem sich ihr die Klassiker
und Romantiker noch einmal, wenn auch vergeblich, entgegengestemmt hatten, im Realismus des
19. Jahrhunderts fortsetzt, bevor sie schließlich in
die Moderne mündet, deren Nihilismus die größten
Dichter dieser Epoche so trefflich gespiegelt haben:
Sie präsentieren uns Höllenlandschaften, die bevöl-
kert sind mit entfremdeten, deformierten, seelisch
kranken Wesen, deren Leben keinen Sinn hat, weil
sie die Hoffnung auf ewiges Heil verloren haben.
Dass die bedeutende Literatur der Moderne dennoch nicht als Propaganda für den Nihilismus gelesen werden kann, beweist, dass echte Kunst eine
unauslöschliche metaphysische Dimension besitzt.
Noch im sinnleeren Kosmos etwa der Gedichte
Benns, der Romane Kafkas oder der Dramen
Becketts artikuliert sich der verzweifelte Schrei nach
Erlösung. Erst in der Postmoderne scheint auch
diese Restmetaphysik verloren gegangen zu sein.
Was noch bleibt, ist das leere Spiel der Imagination
mit einer Welt, in der auch jegliche Humanität
erloschen ist, eine Welt, in der die Dämonen
unumschränkt herrschen.

Angesichts der Tatsache, dass Drogen, Sex, Geld,
Gewalt, Nihilismus gleichsam den „Werthorizont"
der Moderne, der Massenkultur und der Postmoderne abstecken, fragt man sich, ob es im 20.
Jahrhundert nicht auch eine andere, eine ästhe-

tisch ernst zu nehmende Literatur gibt, die metaphysische Tiefe besitzt, ohne bloß auf tradierte, zu Klischees gewordene Muster zurückzugreifen. In den westlichen Medien sucht man meist vergeblich danach. Und doch gibt es sie. Diese unangepasste, nennen wir sie einmal *transmoderne* Literatur definiert sich jedoch nicht über formale Merkmale, die in der Moderne ja so überaus bedeutsam gewesen waren. Auch beginnt sie nicht mit neuen Manifesten oder der pathetischen Absage an eine wie auch immer definierte Tradition. Ihr entscheidendes Kennzeichen ist die Abkehr von den Dämonen, die Überwindung des Nihilismus, oder besser: der Durchbruch zur transzendenten, unzerstörbaren, im tiefsten Sinne wirklichen Wirklichkeit. Kein Wunder, dass am Beginn dieser neuen Literatur in der Regel eine tiefe existenzielle Krise ihrer Autoren steht, die nicht selten zu einer mystischen Erfahrung, der Erfahrung, dass Gott tatsächlich existiert, und schließlich zu einer Bekehrung führt. Es handelt sich also primär um eine Literatur, die Zeugnis ablegt von einer Wirklichkeit hinter der Wirklichkeit. Das neue Bewusstsein spiegelt sich selbstverständlich auch in einer neuen Sichtweise der Natur, der Gesellschaft, der Geschichte, des alltäglichen Lebens und in einer Darstellungsweise, die jene transzendente Wirklichkeit durchscheinen lässt. Im Gegensatz zur Moderne ist die Grundhaltung der Transmoderne zuversichtlich. Die Werke ihrer Vertreter strahlen einen Glanz aus, der Zeugnis gibt vom Sieg des Lebens, von der

Erkenntnis, dass der Grund des Universums Liebe
ist. Die neue Literatur ist Liebesdichtung; Liebe ist
ihr zentraler Begriff, Liebe ist ihre Weltanschauung,
Liebe ihr Werthorizont.

Wer aber waren diese Dichter, die aus dem *waste
land* der Moderne aufbrachen, nicht um sich auf
den Jahrmärkten der Postmoderne zu amüsieren,
sondern um sich von der Erde zu lösen, ohne sie
freilich zu verlassen, wohl aber sie aus einer neuen
Perspektive zu betrachten? Die Transmoderne
wurde vorbereitet von Dichtern, deren Biografie
einen eigenartigen Bruch aufweist. Da hört man
etwa von einem jungen Lyriker, der, nachdem er
zunächst den Weg der Moderne eingeschlagen hat,
plötzlich verstummt und sein früheres Werk als
„Spülwasser" bezeichnet. Von einem gefeierten
Romancier wird berichtet, dass er sich – für die
deutsche Exil-Community in Santa Monica völlig
unverständlich – taufen ließ. Von einem anderen
erfährt man, dass er auf der Flucht vor den Nazis in
Lourdes ein Gelübde ablegte und – als er erhört
wurde – die Botschaft der heiligen Jungfrau verbreitete. Ein angesehener Sänger des modernen Öd-
lands tritt der Kirche Englands bei und behauptet:
in my end is my beginning. Von einem ehrgeizigen
jungen Schriftsteller erfährt man, dass er seine
Karriere geopfert und sich nach seiner Bekehrung
in ein Trappistenkloster zurückgezogen hat. Ein
umjubelter Songpoet wird unerwartet zu einem
Prediger und lässt sich von den Massen auspfeifen.

Ein anderer Dichter zieht sich auf eine tropische Insel zurück, gründet eine christliche Kommune und macht sich zum Sprecher einer Revolution ...

Wenn die alte, von Wahn und Egoismus, von Ungerechtigkeit und Lüge, vom Mammon und Terror beherrschte Welt eines vielleicht gar nicht allzu fernen Tages versinkt, wird aus den Trümmern ihrer technischen Wunderwerke, ihrer Finanzkathedralen und Konsumtempel eine neue, eine menschliche, eine göttliche Kultur entstehen, als deren Wegbereiter jene im 20. Jahrhundert zum Teil verborgenen, zum Teil verkannten Schriftsteller hervortreten werden.

Was Thomas Merton in seiner Einsiedelei in Kentucky auf Cintio Vitiers Brief antwortete, geht aus seinem Tagebuch nicht hervor. Der nächste Eintrag, am 30. November 1963, *St. Andrew*, beginnt mit den Worten: „Cold, grey, a few flakes of snow swirling above the pines, and a crow fighting his way into the wind."[2]

VOM COWBOY ZUM INDIANER

Die Botschaft der *Winnetou*-Romane Karl Mays im Zeitalter der Aneignungs-, Cancel- und Rassismusdiskussionen

Auf dem Schwarz-Weiß-Foto, das ein Nachbar meinen Eltern schenkte, die es dann an mich weiterreichten, sind drei Jungen in ungewöhnlicher Kleidung zu sehen, die auf einem breiten, schneebedeckten, teilweise auch matschigen, sich nach links windenden Gehweg neben einer freigeräumten, von einer Anhöhe herabführenden Straße auf ein nicht abgelichtetes Ziel jenseits des linken Bildrands zuschreiten. Jeder der drei Buben trägt einen dunklen Hut. Keiner blickt in die Kamera. Der größte und älteste ist vielleicht 12 oder 13 Jahre alt. Er geht in der Mitte, hat eine graue, in der farbigen Realität wahrscheinlich hellbraune oder beige Hose an und ein weißes Hemd oder, was der Außentemperatur eher entspräche, einen weißen Pullover. Er wendet den Kopf gerade dem kleinen, etwa sechs Jahre alten Knaben zu, der aus der Perspektive des Betrachters rechts von ihm geht. Die beiden reden ganz offensichtlich miteinander. Der schwarz gekleidete Junge links von ihnen ist kaum kleiner als der in der Mitte. Ein silberner fünfzackiger Stern und ein schmaler, weißer, die breite Krempe begrenzender Saum heben seinen Hut von den eintönigen Kopfbedeckungen der Anderen ab. Auffällig sind auch der breite metallverzierte Gürtel sowie die Körperhaltung des Jungen. Er scheint sich auf die Wasserrinne direkt vor sich zu konzentrieren, welche die beiden anderen schon überquert haben, streckt aber gleichzeitig die rechte Hand, in der er einen Revolver hält, aus. Zielt er auf irgendetwas am Boden? Oder hat er gerade geschossen? Moment mal! Sind auf dem Foto tatsächlich nur drei Buben zu sehen? Zu wem gehören das schwarze Hosenbein und der dunkle Schuh hinter den in der Schreitbewegung gespreizten Beinen des Großen? Hinter ihm muss sich, nahezu vollständig verdeckt, noch jemand befinden.

Wer diese Person ist, weiß ich heute nicht mehr. Wohl aber bin ich mir ziemlich sicher, dass der große Junge mit Nachnamen Wittmann hieß und der Kleine, mit dem er sich unterhält, Wolfgang T. Beide waren Nachbarskinder im Sonnenland gewesen, einem nach dem Zweiten Weltkrieg errichteten Ortsteil der unterfränkischen Kleinstadt, in die meine Eltern 1955 gezogen waren. Der schwarz gekleidete Cowboy bin ohne Zweifel ich selbst. Wir befinden uns auf dem Weg in das so genannte Jugendheim, wo am Faschingsdienstag nach einem kleinen Umzug durch die Stadt immer ein Kinderkarneval stattfand. Warum aber wies uns der Fotograf – möglicherweise der Vater des älteren Jungen – nicht darauf hin, dass er uns ablichten will? Wir hätten uns doch sicher in stolzer Pose vor der Kamera präsentiert. Ich weiß es ebenso wenig, wie ich mich an das Jahr erinnere, in dem das Foto geschossen und mir der Abzug geschenkt wurde.

Dass wir uns in der Karnevalszeit befinden, ist klar. Von meinem Alter und meiner Größe her käme am ehesten 1963 in Frage, es könnte jedoch auch 1962 oder 1964 sein. Aber vielleicht gibt es ja doch irgendein Detail, das eine genauere Festlegung ermöglicht. Die Malzfabrik im Hintergrund? Der vordere Teil des dem Betrachter zugewandten Flügels ist noch nicht verputzt, scheint also vor kurzem angebaut worden zu sein. Eine Recherche freilich wäre aufwändig und brächte vielleicht doch keinen eindeutigen Hinweis auf das Jahr, in dem wir gerade Fasching feiern. Das Kostüm? Wann verkleidete ich mich als Cowboy? Ja natürlich, meine Verkleidung legt nahe, dass es 1962 gewesen ist, denn im Februar bzw. Anfang März jenes Jahres hatte ich noch nicht Karl May gelesen. Wie die meisten Jungen meines Alters wollte ich mich in den ersten Jahren der Grundschule an Karneval als sogenannter Cowboy präsentieren und mit einem Revolver herumballern. Unsere imaginären Feinde waren, dem gängigen amerikanischen Westernklischee entsprechend, Indianer oder weiße Banditen, die friedliche Siedler überfielen und unschuldige Menschen töteten.

Old Shatterhand versetzte diesem Möchtegern-Cowboy kurze Zeit später einen Fausthieb, der sein falsches Bewusstsein in Stücke schlug. Karl Mays *Winnetou*-Trilogie[1] wurde zur ersten Lektüre, zum ersten literarischen Werk, das einen nachhaltigen Einfluss auf mein Leben ausübte. Es bewirkte eine Katharsis von den auch in Deutschland verbreiteten Lügen der amerikanischen Kulturindustrie, indem es Mitleid mit den Indianern Amerikas erweckte, die von den europäischen Einwanderern und ihren US-amerikanischen Nachfahren betrogen, enteignet, ihrer kulturellen Identität beraubt oder, was das Schicksal nicht weniger indigener Völker betrifft, sogar ausgerottet wurden. Meine Cousine Annemarie, die uns mit ihren Eltern und ihrem Bruder am Dreikönigstag 1962 besuchte, hatte mir den Roman *Winnetou III* als verspätetes Weihnachtsgeschenk mitgebracht. Das Titelbild[2] stellt einen schlanken Indianer mit langem schwarzem Haar dar, der auf ein Gewehr gestützt und leicht nach vorne gebeugt, aber dennoch tief in den sternenklaren Nachthimmel ragend, links von einem auf dem Bauch an einem Lagerfeuer liegenden kräftigen Mann mit einem Hut steht. Beide blicken aufmerksam auf etwas, das sich rechts jenseits des Bildausschnitts befindet. Die im Hintergrund bläulich leuchtenden Berge tragen ein Übriges dazu bei, eine romantische und spannungsgeladene Atmosphäre und Erwartungshaltung zu schaffen. Ich glaube mich zu erinnern, dass ich von dem Bild so fasziniert war, dass ich gleich anfangen wollte, den Roman zu lesen. Mein Vater jedoch bremste meine Begeisterung und konfiszierte das Buch mit der Begründung, dass ich es nicht vor meiner Erstkommunion, also vor April 1963, lesen dürfe, da es voller grausamer Gewaltdarstellungen sei.

Warum mir der Roman dann doch schon früher ausgehändigt wurde, weiß ich nicht. Wahrscheinlich hatte mein Vater sich über das Buch informiert, es vielleicht sogar in Auszügen gelesen und war zu der Überzeugung gelangt, dass es mir keinen seelischen Schaden zufügen würde. Jedenfalls begann ich im Herbst 1962 – wir waren inzwischen in ein Haus am Stadtrand umgezogen – mit der Lektüre von *Winnetou III*. Ich erinnere mich, dass mein Lesefluss anfangs immer wieder stockte, wohl auch wegen der vielen fremden Wörter, die ich damals noch so aussprach, wie ich es vom Deutschen her gewohnt war – der Name des ohrmuschelamputierten Westmanns Sans-ear in Kapitel eins etwa lautete bei mir lange Zeit /sanseʻaːr/ –, von Seite zu Seite jedoch zog mich das abenteuerliche Geschehen im Wilden Westen stärker in seinen Bann. Beginnend mit Kapitel 13 löste der Text schließlich ein seelisches Beben aus, wie es mir noch nie als Folge einer Lektüre – bis dahin hatte ich ja nur harmlose Jugendbücher wie *Geheimnis um ein gestohlenes Bild* oder *Fünf Freunde auf großer Fahrt* gelesen – widerfahren war: Das Schicksal der friedlichen deutschen Siedler, die das Ave Maria in der Wildnis singen und von feindlich gesonnenen Indianern verschleppt werden, Winnetous Todesahnung und sein Gespräch mit Old Shatterhand über den Glauben und das ewige Leben, bevor die beiden den Versuch unternehmen, die Gefangenen zu befreien, und schließlich Winnetous Sterben als Christ in den Armen seines Freundes bewegten mich tief. Das traurige Scheitern Old Shatterhands, den letzten Wunsch des edlen Häuptlings der Apachen zu erfüllen, steigerte die

Tragik noch und überließ mich mit quälenden Fragen meiner Alltagswirklichkeit.

Womit sich Karl May in seiner *Winnetou*-Trilogie auseinandersetzt, sind keine jugendspezifischen Themen, sondern Fragen, die für Menschen jeden Alters relevant sein können: die Frage nach der Gerechtigkeit in dieser Welt und nach der Ursache für Gewalt und Grausamkeit, die Frage nach dem Sinn des Lebens und dem Leben nach dem Tod. Pädagogisch war ich auf diese Themen bis zu einem gewissen Grad bereits durch den Religionsunterricht vorbereitet worden, existentiell durch den Tod meiner Großmutter, die ein Jahr zuvor ohne eigenes Verschulden bei einem Autounfall jäh aus dem Leben gerissen wurde und deren Grab ich in den Ferien regelmäßig mit meinem Großvater besuchte; literarisch war es die fiktionale Welt Karl Mays, die mich zum ersten Mal mit solch grundlegenden existentiellen, historischen und metaphysischen Fragen konfrontierte.

Für Millionen von Lesern, darunter der Philosoph Ernst Bloch[3] und der expressionistische Dichter Robert Müller[4], ist Karl May nicht nur der erfolgreichste, sondern auch einer der besten Erzähler deutscher Sprache. Der 1842 in dem kleinen Weberdorf Ernstthal (heute Hohenstein-Ernstthal im Bundesland Sachsen) geborene[5], in großer Armut aufgewachsene und in jungen Jahren mehrfach straffällig gewordene May begann seine schriftstellerische Laufbahn 1875, also erst im Alter von 33 Jahren, als Lohnschreiber für den Dresdner Kolportageverlag Münchmeyer, dem er durch seine meist pseudonym veröffentlichten Novellen, Erzählungen und üppig wuchernden Romane schnell ein großes Lesepublikum und einen beträchtlichen Profit verschaffte. Der im Verhältnis dazu schlecht bezahlte Autor produzierte mit großem erzähltechnischem Geschick gleichermaßen am Fließband, was die zumeist weniger gebildeten Leser der wilhelminischen Gesellschaft konsumieren wollten: Liebes-, Kriegs-, Räuber- und Verschwörungsgeschichten in der deutschen Heimat, aber auch in exotischen Milieus rund um den Globus. In den 90er Jahren lässt May die Kulturindustrie im engeren Sinn – Münchmeyers „Schundverlag", wie er ihn jetzt nennt – hinter sich und kreiert seine eigene unverwechselbare Untergattung des Abenteuerromans, den quasi autobiographischen Reiseroman, in dem er formal realistische Elemente, vor allem im Bereich der Raum- und Zeitgestaltung, der Darstellung indigener Traditionen und der Verwendung exotischer Sprachen, für die er zuverlässige Sachliteratur und dokumentarisches Material verarbeitet, mit phantastischen Elementen aus dem Bereich des Mythos, der Legende und des Märchens verschmilzt, wobei er Heldengestalten wie Winnetou und Old Shatterhand schafft, die in kurzer Zeit zu Ikonen der frühen deutschen Popliteratur werden. Die behauptete Identität des fiktionalen Ich-Erzählers (in Nordamerika heißt er Old Shatterhand, im Orient Kara Ben Nemsi) mit dem Autor (May bestand sogar darauf, den Gattungsbegriff „Reiseroman", den sein neuer Verleger Fehsenfeld zunächst verwendet hatte, in „Reiseerzählung" zu ändern) war dabei nicht nur ein geschickter Vermarktungsschachzug, der das Interesse an seiner Person und an seinen Charakteren enorm steigerte, sondern auch ein Schritt in eine Epoche, deren Siegeszug erst Jahrzehnte nach seinem Tod begann, eine Epoche, die oft als Postmoderne bezeichnet wird und zu deren Merkmalen unter anderem die Verwischung der Grenzen zwischen Fiktion und Realität gehört. Auf dem Höhepunkt seines Erfolgs Anfang des 20. Jahrhunderts enttäuscht der Starautor plötzlich die Erwartungen seiner enthusiasmierten Leser, weil er sich von der Popliteratur verabschiedet und von nun an Werke verfasst, die sich als zu komplex und subtil für ein Massenpublikum erweisen und darüber hinaus zum Teil auch unmissverständliche Gesellschaftskritik enthalten. Das Reisemotiv behält May in diesen späten Romanen *Im Reiche des silbernen Löwen III-IV* (1902/03), *Und Friede auf Erden!* (1904), *Ardistan und Dschinnistan I-II* (1909) und *Winnetou IV* (1910) zwar ebenso bei wie viele der von ihm geschaffenen Charaktere, er entschleunigt jedoch die Handlung, was sie für viele spannungsgewohnte May-Leser langweilig erscheinen lässt, dekonstruiert und verfremdet insbesondere den vorher so heldenhaften Ich-Erzähler und verdichtet das Geschehen allegorisch. In seinem letzten Roman, dem zwei Jahre vor seinem Tod veröffentlichten *Winnetou IV,* entwirft May die Utopie eines versöhnten Zusammenlebens von Indianern und Weißen auf dem nordamerikanischen Kontinent, eine Utopie, die heute, nachdem die Verbrechen der Letzteren inzwischen auch wissenschaftlich umfassend erforscht und belegt sind, mehr denn je als Anklage der empörenden Behandlung der Ureinwohner Amerikas durch die Eindringlinge aus Europa und ihre US-amerikanischen Nachfahren gelesen werden kann.

Bis zum Fasching 1964 hatte ich alle drei *Winnetou-* Bände und weitere Romane aus der Popliteraturphase Karl Mays gelesen. Und obwohl ich im Grunde noch keine Ahnung von Geschichte, Literatur und Theologie hatte, die religiös begründete Botschaft im Werk Karl Mays begriff ich durchaus. Für mich war inzwischen jedenfalls klar, dass ich kein Cowboy mehr sein und mich nicht mehr als Angehöriger der, Unrecht und Verbrechen verübenden weißen Rasse präsentieren wollte. Stattdessen trug ich einen auf hartnäckige Bitten hin nach Fotos aus dem Film *Winnetou I* von meiner Mutter aus grobem Stoff genähten Anzug, dazu eine Perücke mit langen schwarzen Haaren und eine dünne Schicht Bronze im Gesicht. Bei den Spielen mit meinen Freunden in dem abgeschiedenen Tal unweit unserer Siedlung, wo unser Rio Pecos floss, jenseits der von Sträuchern überwucherten Bahngeleise, auf denen manchmal alte, leicht zu erobernde Dampfloks abgestellt waren und wo die nicht

ganz geheuere Ruine eines ehemaligen Bahnwär-
terhäuschens versteckte Schätze vermuten ließ –
vor dieser zugleich romantisch und realistisch an-
mutenden Kulisse unseres Wilden Westens bestand
ich darauf, Winnetou zu sein; meine Kameraden
mussten sich mit Old Shatterhand, Old Firehand
und Old Surehand begnügen, bei Karl May freilich
allesamt Weiße voller Sympathie mit den Schwä-
cheren und voller Einsatz für eine gerechtere Welt.
Nein, Old Surehand ist sogar, wie sich am Ende des
gleichnamigen Romans herausstellt, ein Mestize, er
hat einen weißen Vater und eine indianische Mutter. Ohne es reflektieren zu können, verwirklichten
wir spielerisch schon damals Karl Mays anti-rassi-
stische Utopie.

ANMERKUNGEN, QUELLEN, ÜBERSETZUNGEN

Die Übersetzungen stammen vom Autor. Bei den *lyrics* ist keine Nachdichtung beabsichtigt, sondern eine eng am Text orientierte Wiedergabe der Aussage der Verse.

FUSION DER GETRENNTEN SPHÄREN

1. Zitiert nach Baacke, Dieter. *Beat – die sprachlose Opposition.* München 1968, S.46 f.

2. Schaffner, Nicholas. *The Beatles Forever.* New York 1977, S.83.

3. Tony Palmer. Rezension der LP *The Beatles* in *The Observer*, zitiert nach dem Abdruck auf dem Cover der LP: The Beatles. *Yellow Submarine.* EMI 1969.

4. Belz, Carl. *The Story of Rock.* New York, 2. Auflage 1972, S.163 ff.

5. Werner Faulstich: „The Beatles: ‚Penny Lane'" in: Platz-Waury, Elke (Hg.). *Moderne englische Lyrik: Interpretationen und Dokumentation.* Heidelberg 1978, S.87-107, S.89.

6. Einen Überblick über diese Theorie und ihre Verästelungen gibt der Aufsatz von Gerhard Hoffmann/Alfred Hornung/Rüdiger Kunow: „‚Modern', ‚Postmodern' and ‚Contemporary' as Criteria for the Analysis of 20th Century Literature" in: *Amerikastudien-American Studies 22,1*, 1977, S.19-46.

7. Spender, Stephen. *The Struggle of the Modern*. Berkeley/Los Angeles 1963, S.X.

> „Ich bin der Auffassung, dass die modernen Autoren ... aus dem Gefühl heraus, dass unser Zeitalter in vieler Hinsicht beispiellos ist, sich bewusst vornehmen, eine neue Literatur zu schaffen, und zwar eine außerhalb aller Konventionen der vergangenen Literatur und Kunst."

8. Ders., S.71.

> „... als modern gilt die Kunst, in welcher der Künstler das Bewusstsein einer nie dagewesenen Situation in Form und Sprache widerspiegelt. Die Qualität, die man modern nennt, zeigt sich mehr in stilistischer und formaler Hinsicht als an der Thematik."

9. Einen knappen Überblick über den gesellschaftlichen Hintergrund und das kulturelle Klima der Moderne vermittelt der Aufsatz von Alan Bullock: „The Double Image" in: Bradbury, Malcolm/McFarlane, James (Hg.). *Modernism*. Harmondsworth 1976, S.58-70.

10. Irving Howe: „Mass Society and Postmodern Fiction", in: ders. *Decline of the New*. New York 1970, S.190-207, S.196.

> „... eine relativ komfortable, zur Hälfte Wohlstands-, zur Hälfte Klassengesellschaft, in der die Bevölkerung passiv und gleichgültig wird und sich atomisiert; in der traditionelle Loyalitäten, Bindungen und Vereinigungen sich lockern oder völlig auflösen; in der öffentliche Gemeinschaften, die sich aufgrund bestimmter Interessen und Meinungen gebildet haben, zerfallen; und in welcher der Mensch zum Konsumenten wird, selbst zum Produkt der Masse wie die Erzeugnisse, Zerstreuungen und Werte, die er aufsaugt."

11. Spender, a.a.O., S.208.

> „In den Werken der typischsten modernen Autoren wurde die zeitgenössische Zivilisation als chaotisch, dekadent, sich am Rande des Zusammenbruchs befindend, anarchisch, absurd, als Wüste von Pseudo-Werten dargestellt. Yeats, Eliot, Wyndham Lewis, Pound, sie alle verabscheuten die Idee des Fortschritts, hassten das Industriezeitalter. Sie hatten ihre moderne Sprache und ihre modernen Formen erfunden, um Abscheu über die moderne Welt auszudrücken."

12. Spender, a.a.O., S.50.

> „... in einer Welt fragmentierter Werte kann die Phantasie keine akzeptierten Doktrinen veranschaulichen, kann sich nicht auf symbolische Bedeutungen beziehen, die der Leser bereits kennt ... Alles muss wieder erfunden werden, sozusagen von Anfang an und in jedem Werk neu."

13. Malcolm Bradbury/James McFarlane: „The Name and Nature of Modernism" in: dies. (Hg.). *Modernism*. Harmondsworth 1976, S.19-55, S.29.

- „weniger ein Stil als die Suche nach einem Stil in einem extrem individualistischen Sinn"

- „ihre stark ausgeprägte Eigenart, die Qualität, dass jedes Werk mit einer Struktur ausgestattet ist, die nur zu diesem Werk passt."

14. Arno Holz: „Revolution der Lyrik" (1889) in: *Werke*, herausgegeben von W. Emrich, Neuwied 1961-1964. Holz polemisiert allerdings gegen den Begriff „freier Rhythmus" und fordert den „notwendigen Rhythmus", der in jeder Zeile neu aus dem Inhalt entstehe, ohne jedoch den Unterschied überzeugend begründen zu können.

15. Friedrich, Hugo. *Die Struktur der modernen Lyrik*. Hamburg 1956.

16. Pounds Montagetechnik beruht auf der unvermittelten *juxtaposition* (Nebeneinanderstellung) zum Teil extrem disparater und unübersetzter Elemente, selbst ägyptischen Hieroglyphen und chinesischen Ideogrammen, die auch gebildete Leser nicht ohne Weiteres verstehen.

17. Spender, a.a.O., S.143.

„Die Kunst der Vergangenheit ist mit Traditionen verbunden, mit Werten, Symbolen, Objekten, mit der Natur, die bis zum modernen Zeitalter eine relative Stabilität besaßen."

18. Adorno, Theodor. *Einleitung in die Musiksoziologie*. Reinbek bei Hamburg 1968, S.32.

19. Bernhard Rosenberg: „Mass Culture Revisited" in: Rosenberg, Bernhard/White, David M. (Hg.). *Mass Culture Revisited.* New York 1971, S.3-12, S.8 f.

„... die Massenkommunikationsmittel haben eine derart beunruhigende Fähigkeit, Tyrannei im Bereich der Kultur zu fördern, dass wir vor den Möglichkeiten ihres politischen Missbrauchs nur erschrecken können."

20. Ernest van den Haag: „A Dissent from the Consensual Society" in: Rosenberg/White, a.a.O., S.85-92, S.86.

   - Entstellung und Entwertung des Erbes der Vergangenheit.

21. Theodor Adorno: „Résumé über Kulturindustrie" in: ders. *Ohne Leitbild*. Frankfurt am Main 1967, S.60-70.

22. Adorno, Theodor. *Philosophie der neuen Musik.* Frankfurt/M. 1958, S. 13. Der Autor bezieht sich u.a. auf Dmitri Schostakowitsch und Benjamin Britten.

23. Leslie A. Fiedler: „Cross the Bridge – Close that Gap: Post-Modernism" in: Cunliffe, Marcus (Hg.). *American Literature Since 1900.* London 1975. S. 344-366, S.344.

„Fast alle zeitgenössischen Leser und Schriftsteller sind sich einer Tatsache bewusst, die sie nicht adäquat ausdrücken können ... Wir erleben, und zwar schon seit zwei Jahrzehnten – und seit 1955 sind wir uns dieser Tatsche deutlich bewusst geworden – den Todeskampf der Moderne und die Geburtsschmerzen der Post-Moderne. Die Art von Literatur, die sich den Namen Moderne angemaßt hatte (mit der Dreistigkeit zu behaupten, dass sie das Äußerste an Fortschritt in künstlerischer Sensibilität und formaler Gestaltung darstelle, sodass es jenseits davon nichts Neues mehr geben könne) und deren Triumph von einer kurzen Zeitspanne vor dem Ersten Weltkrieg bis zu ein paar Jahren nach dem Zweiten Weltkrieg dauerte, ist tot, d.h., sie gehört der Geschichte an, nicht mehr dem Zeitgeschehen."

24. Fiedler, a.a.O., S.351.

- „das Schließen der Lücke zwischen Elite- und Massenkultur"

25. Fiedler, a.a.O., S.361.

„Noch spektakulärer ist [das Beispiel] John Lennons, der, nachdem er zunächst nur als einer der Beatles bekannt war, die damals eine von vielen Rockgruppen aus Liverpool waren, sich Stufe um Stufe als Romancier, Dramenautor, Filmemacher, Guru, Bildhauer etc., etc. offenbart hat."

26. Schon Mitte der 60er Jahr erschienen fundierte Abhandlungen über die englische und amerikanische Pop Art u.a. in: Lippert, Lucy R. *Pop Art.* London 1966.

27. Thomas, Karin. *Bis Heute: Stilgeschichte der bildenden Kunst im 20. Jahrhundert.* Köln 1975, S.18.

ALL DIE EINSAMEN LEUTE

1. The Beatles. *Revolver.* Parlophone 1966.

2. Aldridge, Alan (Hg.). *The Beatles Songbook I.* München 1971, S.139.

3. Aldridge, a.a.O., S.8.

4. William Shakespeare. *Complete Works.* Oxford 1988, S.760.

5. Aldridge, a.a.O., S.147.

6. Aldridge, a.a.O., S.141.

7. Zur Entstehungsgeschichte siehe Everett, Walter. *The Beatles as Musicians.* New York 1999, S. 51. Die Idee zu dem Song, die Melodie, der Vorschlag, Streichinstrumente zu verwenden, und wesentliche Teile des *lyric* stammen von Paul McCartney. John Lennon behauptet, einen großen Teil des Textes selbst verfasst zu haben. Von George Harrison stammt der erste Refrain. Und die Idee, dass Father McKenzie Strümpfe stopft, trug Ringo Starr bei. Pete Shotton, ein Freund der Beatles, hatte den Einfall, dass Eleanor Rigby am Ende von Father McKenzie begraben wird, was John Lennon zunächst verwarf, dann aber doch aufgriff und ausgestaltete. Das Streichoktett arrangierte George Martin.

UNERHÖRTE KLÄNGE

Soweit nicht anders angegeben, werden die Songtexte der Beatles zitiert nach: Aldridge, Alan (Hg.). *The Beatles Songbook I.* München 1971 und *The Beatles Songbook II.* München 1981.

1. Mellers, Wilfrid. *Twilight of the Gods. The Beatles in Retrospect.* London 1973.

2. Everett, Walter. *The Beatles as Musicians.* New York 1999 und Walter Everett: „Painting their room in a colorful way: The Beatles' exploration of timbre" in: Kenneth, Womack and Todd F. Davis (Hrsg.). *Reading the Beatles. Cultural Studies, Literary Criticism, and the Fab Four.* Albany 2006, S.71-94.

3. Die Ausführungen dieses Kapitels sind der Abhandlung des Musikwissenschaftlers Björn Gottstein: *Der Klang der Gegenwart,* Stuttgart 2024, zu Dank verpflichtet, der die Beatles in seinem Buch allerdings nur am Rande erwähnt und der Bedeutung ihres Beitrags zum „Klang der Gegenwart" nicht gerecht wird.

4. John Lennon/Paul McCartney: „I feel fine"/"She's a woman". Parlophone 1964.

5. John Lennon/Paul McCartney: „Yesterday" auf: The Beatles. *Help.* Parlophone 1965.

6. Mellers, a.a.O., S.54.

7. John Lennon/Paul McCartney: „Norwegian wood" auf: The Beatles. *Rubber Soul.* Parlophone 1965. Der LP-Titel bedeutet „Gummiseele" und ist ein Wortspiel mit dem Homonym „rubber sole" (Gummisohle).

8. Schaffner, Nicholas. *The Beatles Forever.* Lemoyne, Pa. 1978, Seite 49.

9. The Beatles. *Revolver*. Parlophone 1966.

10. Leary, Timothy/Metzner, Ralph/Alpert, Richard. *The Psychedelic Experience: A Manual Based on the Tibetan Book of the Dead.* Ohne Ortsangabe 1964.

11. John Lennon/Paul McCartney: „Tomorrow never knows" auf: The Beatles. *Revolver*, a.a.O.

12. Leslie A. Fiedler: „Cross the Bridge – Close that Gap: Post-Modernism" in: Cunliffe, Marcus (Hg.). *American Literature Since 1900.* London 1975. S.344-366, S.344.

13. The Beatles. *Sergeant Pepper's Lonely Hearts Club Band.* Parlophone 1967.

14. John Lennon/Paul McCartney: „Penny Lane"/Strawberry Fields Forever". Parlophone 1967.

15. John Lennon/Paul McCartney: „Lovely Rita" auf: The Beatles. *Sergeant Pepper's Lonely Hearts Club Band*, a.a.O.

16. John Lennon/Paul McCartney: „Hello Goodbye"/"I am the walrus". Parlophone 1967.

17. John Lennon/Paul McCartney: „A day in the life" auf: The Beatles. *Sergeant Pepper's Lonely Hearts Club Band*, a.a.O.

18. Kemper, Peter. *The Beatles.* Stuttgart 2007, S.87.

19. Mellers, a.a.O., S.100.

- „elektronischen Trip, der auch eine atomare Explosion zu sein scheint, die sowohl öffentliche Feiern als auch private Liebe vernichtet."

20. Lewisohn, Mark. *The Beatles. Recording Sessions.* EMI Records Limited, London 1988, S.96f.

21. Lewisohn, a.a.O., S.99.

22. Everett (1999), a.a.O., S.122.

23. Adorno, Theodor. *Einleitung in die Musiksoziologie.* Reinbek bei Hamburg 1968, S.15f.

24. Lewisohn, a.a.O., S.109.

25. Den Begriff der „radical irony" in dem hier definierten Sinn verwendete Professor Hassan in einer Gastvorlesung an der Universität Würzburg im Sommersemester 1976.

26. John Lennon/Paul McCartney: „Revolution 9" auf: The Beatles. *The Beatles.* Apple 1968.

27. Everett 1999, a.a.O., S.174ff.

28. John Lennon/Paul McCartney: „Hey Jude"/„Revolution". Apple 1968.

29. Im Gegensatz zu der Single-Version steht eine zweite, textlich nahezu identische, „Revolution 1" betitelte Fassung des Liedes auf der Doppel-LP *The Beatles.* Sie unterscheidet sich von Ersterer vor allem durch ihr langsames, bedächtiges Tempo und das nachdenkliche Hinzufügen eines konträren „in" nach dem „count me out" am Ende der ersten Strophe, was eine gewisse Ambiguität erzeugt, als wäre der Sänger sich doch nicht ganz sicher, was die Unterstützung einer Revolution betrifft.

30. Everett (1999), a.a.O., S.178.

31. The Beatles. *Abbey Road.* Apple 1969.

32. Hertsgaard, Mark. *A Day in the Life. The Music and Artistry of the Beatles.* London 1995, S.295.

33. Lewisohn, a.a.O., S.181.

34. Everett, a.a.O., S.146.

35. Das Adjektiv „heavy" kann neben der Grundbedeutung „schwer" und „schwerfällig" umgangssprachlich auch „hübsch", „gutaussehend" sowie „schwanger" denotieren.

36. The Beatles. *Let It Be*. Apple 1970.

37. The Beatles: „Across the universe" auf: The Beatles. *Let it Be*, a.a.O.

38. The Beatles: „Let it be" auf: The Beatles. *Let it Be*, a.a.O.

DICHTER UND MUSIKER, MYSTIKER UND PROPHET

Die Songtexte werden, soweit nicht anders angegeben, zitiert nach Bob Dylan. *Lyrics*. Songtexte 1985. Deutsche Ausgabe 1987.

1.https://www.nobelprize.org/prizes/literature/2016/summary

2. René Wellek/Austin Warren. *Theory of Literature*. Zit. n. der dt. Ausgabe: *Theorie der Literatur*. Frankfurt am Main 1972, S. 20.

3. Scorsese, Martin. *No Direction Home. Bob Dylan*. DVD 2005.

4. Day, Aidan. Jokerman. *Reading the Lyrics of Bob Dylan*. Oxford 1988, S.2.

> „Üblicherweise orientiert sich die Stimme an der Melodie, ihre gleichzeitig misstönende, atonale Abspaltung von der Musik, zusammen mit der unerbittlichen Unterordnung musikalischer Elemente unter die Not-

wendigkeiten des Satzbaus, eröffnet jedoch einen Raum, der Distanz schafft und ein Unbehagen erzeugt, das sowohl den Sänger als auch den Hörer erfasst."

5. Bob Dylan: „Like a rolling stone" auf: *Highway 61 Revisited.* Columbia (Records) 1965.

6. Bob Dylan. *Subterranean Homesick Blues.* Columbia 1965.

7. Bob Dylan. *Highway 61 Revisited.* Columbia 1965.

8. Bob Dylan. *Blonde on Blonde.* Columbia 1966.

9. Bob Dylan: „Love minus zero/No limit" auf: *Subterranean Homesick Blues.* Columbia 1965.

- „Liebe minus null/Grenzenlos"
- „Meine Liebe, sie spricht wie das Schweigen/Ohne Ideale oder Gewalt"
- „Sie ist treu wie Eis, wie Feuer"
- „mit Valentinsgeschenken lässt sie sich nicht kaufen"
- „Sie weiß zu viel, um zu streiten oder zu verurteilen"
- „Meine Liebe ist wie ein Rabe/An meinem Fenster mit einem gebrochenen Flügel."

10. Bob Dylan: „She belongs to me" auf: *Subterranean Homesick Blues.* Columbia 1965.

- „Du stehst zunächst noch/Stolz darauf, für sie alles zu stehlen, was sie sieht"
- „Aber du wirst dich ärgern, wenn du durch ihr Schlüsselloch lugst/Auf den Knien."
- „Sie trägt einen ägyptischen Ring/Der funkelt, bevor sie spricht"
- „Sie sammelt ein, indem sie hypnotisiert,/Du bist eine wandelnde Antiquität"

11. Rogovoy, Seth. Bob Dylan. *Prophet. Mystic. Poet.* New York 2009.

12. „Father of night" auf: *New Morning.* Columbia 1970.

13. Bob Dylan: „With God on our side" auf: *The Freewheelin' Bob Dylan.* Columbia 1963.

> „Ich aber kann nicht für euch denken,
> Ihr müsst selbst entscheiden,
> Ob Judas Isacariot
> Gott auf seiner Seite hatte."

14. Bob Dylan. *Lyrics. Songtexte* New York 1985. Deutsche Ausgabe Frankfurt/M. 1987. S. 824 ff.

15. Bob Dylan. *Street Legal.* Columbia 1978.

16. Heylin, Clinton. *Behind the Shades.* London 1991, S.329.

17. Heylin, a.a.O., S.328.

> „Jesus legte seine Hand auf mich. Es war etwas Körperliches. Ich fühlte es. Ich fühlte es ganz und gar. Ich fühlte meinen ganzen Körper zittern. Die Herrlichkeit des Herrn warf mich zu Boden und richtete mich auf."

18. Heylin, a.a.O., S.328.

> „Jesus erschien mir tatsächlich als König der Könige und Herr der Herren ... Und ich glaube, jedes Knie wird sich eines Tages beugen ... Er starb wirklich am Kreuz für die ganze Menschheit ..."

19. Bob Dylan. *Shot of Love.* Columbia 1981.

- „Ich besitze noch die Gabe, die Du mir anvertraut hast,/Sie ist jetzt ein Teil von mir, sie wurde bewahrt und gerettet."
- „In jedem zitternden Blatt, in jedem Sandkorn"

20. William Blake: „Auguries of Innocence", veröffentlicht posthum 1863, zit. nach *The Penguin Book of English Romantic Verse*. Harmondsworth 1968, S. 84.

„Eine Welt in einem Sandkorn zu sehen
Und den Himmel in einer wilden Blume,
Die Endlosigkeit in der Hand zu halten
Und die Ewigkeit in einer Stunde."

21. Hammerschmidt-Hummel, Hildegard. *William Shakespeare. Seine Zeit – Sein Leben – Sein Werk*. Mainz 2003.

22. James Joyce. *A Portrait of the Artist as a Young Man*. Harmondsworth 1992. S.260.

23. Joyce, a.a.O., S.269.

- „selbst einen großen Fehler, einen lebenslangen Fehler und vielleicht auch so lang wie die Ewigkeit"

24. Bob Dylan. *Slow Train Coming*. Columbia 1979.

25. Bob Dylan. *Infidels*. Columbia 1983.

26. Bob Dylan with Tom Petty and the Heartbreakers. *Hard to Handle*. CBS Video 1986.

- „Wie dem auch sei, diese Leute sind mir egal, ich habe meinen eigenen Helden. Von ihm werde ich jetzt gleich singen."

27. Bob Dylan. *Saved*. Columbia 1980.

- „Als sie Ihn im Garten festnahmen, wussten sie es?/...Wussten sie, dass Er der Sohn Gottes war, wussten sie, dass Er der Herr war?"
- „Widersprachen sie Ihm, wagten sie es wirklich?"
- „Als Er von den Toten auferstand,/Glaubten sie es?"

28. Bob Dylan. *Christmas in the Heart*. Columbia 2009.

- „Doch in deinen dunklen Straßen scheinet/Das ewige Licht"

29. Bob Dylan. *Time out of Mind*. Columbia 1997.

30. Bob Dylan. *Together through Life*. Columbia 2009.

31. Bob Dylan. *Rough and Rowdy Ways*. Columbia 2020. Lyrics zitiert nach https://www.bobdylan.com

„Hätte ich die Flügel einer schneeweißen Taube,
Ich würde das Evangelium predigen,
das Evangelium der Liebe.
Eine Liebe so wirklich, eine Liebe so wahr.
Ich habe die Entscheidung getroffen,
mich dir zu geben."

32. Eine aufschlussreiche Untersuchung des Verhältnisses zwischen menschlich-erotischer und mystischer Liebe in den Songs von Bob Dylan bis 2015 findet sich bei Heinrich Detering. *Die Stimmen der Unterwelt. Bob Dylans Mysterienspiele*. München 2016, S.169-210.

33. Bob Dylan: „All along the watchtower" auf: *John Wesley Harding*. Columbia 1968.

34. Bob Dylan. *Slow Train Coming*, a.a.O.

- „Leg deine Krone auf diesem blutbefleckten Boden nieder, nimm deine Maske ab"

- „Wie lang kannst du noch verdrehen und verleugnen, was wirklich ist?"

- „Vermag ich all diese Loyalitäten und diesen Stolz abzulegen?
 Werd ich jemals begreifen, dass es keinen Frieden gibt, dass der Krieg nicht aufhört, Bis Er wiederkehrt?"

35. Bob Dylan. *Saved*, a.a.O.

- „Bin ich bereit, mein Leben für die Brüder hinzugeben?/Und mein Kreuz auf mich zu nehmen?"

- „Bist du bereit für das Gericht?
 Bist du bereit für das furchtbar schnelle Schwert?
 Bist du bereit für Armageddon?
 Bist du bereit für den Tag des Herrn?"

36. Heylin, a.a.O., S.351.

„Ihr wollt etwas wissen? Wir machen uns überhaupt keine Sorgen – selbst wenn es die letzte Phase der Endzeit ist ... Wir machen uns keine Sorgen ... wir kümmern uns nicht um die Atombombe, ... weil wir wissen, dass diese Welt zerstört wird und Christus sein Königreich in Jerusalem für tausend Jahre aufrichten wird ..."

37. Rogovoy, a.a.O., S.234.

- „seine offensichtliche Umarmung des Christentums"
- „auf mehr als eine Weise"

38. Rogovoy, a.a.O., S.212 und 232.

- „Kein Opferlamm – jedenfalls nicht seit dem biblischen Azazel – sei es als Tier oder Mensch, kann die Last der Schuld von einem nehmen."

39. Shoeman, Roy H. *Salvation is from the Jews.* San Francisco 2003. Zitiert nach der deutschen Übersetzung: *Das Heil kommt von den Juden.* Augsburg 2007. S.289.

DER TRAUM IM NACHTCAFÉ

1. Bob Dylan. *Together through Life.* (Columbia Records) 2009. Lyrics zitiert nach https://www.bobdylan.com

2. Diese Verseinteilung ist aus dem gehörten Songtext konstruiert und erfolgt nach rein metrischen Gesichtspunkten. Im Internet kursierende Versgliederungen weichen davon ab.

3. Wolfgang Iser: „Die Appellstruktur der Texte. Unbestimmtheit als Wirkungsbedingung literarischer Prosa." Konstanz 1971.

4. Andreas Gryphius: „Abend", zit.n. Kolbe, Uwe (Hg.). *Andreas Gryphius. Das große Lesebuch.* Frankfurt/M. 2016, S.42.

4. McGinn, Bernard. *Modern Mystics.* New York 2023, S.19.

„Es gab eine Reihe von Mystikern, welche die sogar noch schwerere Prüfung der Verlassenheit durchmachen mussten, das Gefühl, von Gott aufgegeben worden zu sein ..., ja selbst für die Hölle bestimmt zu sein."

5. Heylin, a.a.O., S.328.

JENSEITS DER (POST)MODERNE

1. Zitiert in: Thomas Merton. *Dancing in the Water of Life.* San Francisco 1997, S.39f.

„Ich sage Dir, dass für mich einer der schlimmsten Dämonen der Dämon der Literatur ist. Tatsächlich spüre ich seit vielen Jahren die Besessenheit von einem Schreiben, das an das Böse gebunden ist."

2. Thomas Merton, a.a.O., S.40.

„Kalt, grau, ein paar Schneeflocken, die über den Pinien umherwirbeln, und eine Krähe, die sich durch den Wind kämpft."

VOM COWBOY ZUM INDIANER

1. Karl May: *Winnetou I – III.* Freiburg i. Br. 1893. Die Lektüre des Autors erfolgte seinerzeit anhand der von E.A. Schmid bearbeiteten und seit 1949 im Karl-May-Verlag Bamberg herausgegebenen, heute am weitesten verbreiteten Leseausgabe der Werke Mays.

2. Bei dem Bild fehlt eine Signatur des Künstlers. In neueren Ausgaben ist der Name des schwedischen Malers Carl Lindeberg (1876-1961) im Impressum vermerkt.

3. Ernst Bloch: „Die Silberbüchse Winnetous", nachgedruckt in: Schmiedt, Helmut (Hg.): *Karl May.* Frankfurt am Main 1983, S. 28-31.

4. Robert Müller: „Nachruf auf Karl May", in: Schmiedt (Hg.), a.a.O., S. 24-27.

5. Die Fakten über Karl Mays Leben und Werk wurden folgenden Abhandlungen, Werkanalysen und Biografien entnommen:

- Lowsky, Martin. *Karl May* (Sammlung Metzler Band 231). Stuttgart 1987.
- Arnold, Heinz Ludwig. *Karl May* (Text+Kritik Sonderband). München 1987.
- Walther, Klaus. *Karl May* (dtv portrait). München 2002.
- Schmiedt, Helmut. *Karl May oder die Macht der Phantasie.* München 2011.

6. Im Rahmen der im Auftrag der Karl-May-Gesellschaft seit 2013 herausgegebenen Historisch-kritischen Ausgabe der Werke Karl Mays sind insgesamt 31 Bände dieser frühen Fortsetzungsromane erschienen.

7. Der Begriff wird hier verwendet für Literatur von Autoren, die sich von den am Profit orientierten Vorgaben der Kulturindustrie emanzipieren und mit den zu Klischees verkommenen Gestaltungsmitteln der Tradition kreativ umgehen und/oder sie mit modernen kombinieren und in diesem Sinn „originelle" Kunst schaffen.

8. In der Bamberger Ausgabe der Werke Mays (s.o.) Band 33 mit dem Titel des Herausgebers *Winnetous Erben*, in der Historisch-kritischen Ausgabe (s.o.) Band 7 der Abteilung V, Spätwerk.

9. Zwei markante Beispiele der jüngeren Forschungsliteratur sind: David E. Stannard: *American Holocaust. The Conquest of the New World.* New York, Oxford 1992 und Adam Mattioli: *Verlorene Welten. Eine Geschichte der Indianer Nordamerikas.* Stuttgart 2017.

10. Deutschland/Frankreich/Italien 1963; Regie Harald Reinl; Darsteller Lex Barker, Pierre Brice u.a.; Verleih: Constantin.

11. In der Bamberger Ausgabe (s.o.) Band 15.

Erschienen bei BoD:

Egbert Dörfler
Das poetische Werk in fünf Bänden

Band 1
Die Sehnsucht der Sehnsucht der Liebe
Gedichte aus den 70er Jahren

*

Ein Zyklus aus 49 Gedichten, der hinter den einzelnen Texten die Entwicklung eines lyrischen Ichs aus einer oberflächlichen, gesellschafts-konformen in eine neue, tiefere Identität andeutet. Formalästhetisch werden Ausdrucksmittel traditioneller und moderner Lyrik sowie Elemente der Massen- und Popkultur kontrastiert und verschmolzen.

München 2020
ISBN: 9783751980982

Band 2
Mönche, Hippies und Poeten
und andere Gedichte aus den frühen 80er Jahren

**

Die Gedichte spiegeln die durch die Angst vor einem Atomkrieg geprägte Atmosphäre in Europa in der ersten Hälfte der 80er Jahre des vergangenen Jahrhunderts. Heute besitzen die Texte eine neue, erschreckende Aktualität, da sie ahnen lassen, was uns droht.

München 2021
ISBN: 9783754312582

Band 3
Winfred Freys letzte Reise
Roman in 101 Gedichten
***

Das Werk ist nicht nur ein ungewöhnliches, da in freien Versen verfasstes Reisetagebuch, das Eindrücke und Erlebnisse aus unterschiedlichen Ländern vermittelt, sondern auch ein experimenteller Roman, dessen Handlung von der rastlosen Suche des Protagonisten nach der absoluten Liebe vorangetrieben wird.

München 2022
ISBN: 9783754383933

Band 4
Indische Polyphonie
69 Cantos
****

Ein Roman in epischen und lyrischen Gedichten über Aussteiger, die nach dem Sinn des Lebens suchen, Frauen von diaphaner Schönheit und ein Land, in dem es leicht zu sein scheint, Gott zu finden.

München 2023
ISBN: 9783756209422

Band 5
Ans Ende der Zeiten
*****

Gedichte aus vier Jahrzehnten, die in unterschiedlichen Formen und Gattungen ein großes Spektrum an Themen behandeln: von traditionellen Liebessonetten und unkonventionelleren Verstexten mit fantastischen Elementen über minimalistische, an Epigramm und Haiku erinnernde Kriegs- und Katastrophengedichte bis zu ausgedehnten Reflexionen in freien Rhythmen über die Schöpfung, Geschichte und Apokalypse.

München 2024
ISBN: 9783759713285